P.-J. PROUDHON

ET

PIERRE LEROUX,

RÉVÉLATIONS ÉDIFIANTES,

PAR M. MARCHAL,

Auteur du *Livre de la Famille, etc.*

PARIS.

DENTU, EDITEUR,

GALERIE D'ORLÉANS, PALAIS-ROYAL,

ET CHEZ TOUS LES LIBRAIRES.

1850.

P.-J. PROUDHON

ET

PIERRE LEROUX.

P.-J. PROUDHON.

I.

Commençons par M. Proudhon, le plus intrépide athlète, le plus vigoureux lutteur du Socialisme.

Celui-là ne prend aucun ménagement, les tempéraments ne conviennent pas à son esprit hardi, à son indomptable et forte nature ; — il nie tout, il détruit tout.

Il fait table rase et ne laisse rien debout de l'édifice social ; — c'est plus tôt fait.

Il détruit pour détruire.

M. P.-J. Proudhon, c'est le paradoxe incarné, le paradoxe impie, blasphémateur, féroce, désespérant.

M. P.-J. Proudhon ne semble avoir une plume et une langue que pour écrire et dire précisément et systématiquement le contraire de la vérité.

En un mot, c'est l'homme-contradiction, l'homme-mensonge, l'homme-paradoxe; c'est la contradiction faite chair.

Il met les mains sur tout ce qui a vie dans l'humanité et l'étouffe en poussant un rire satanique.

C'est l'aspic qui mord au talon la Société.

Les idées les plus naturelles, les plus palpables, les plus évidentes, il les met en doute, les proscrit et les récuse. Il nie l'évidence ; — On la lui montre, il dit qu'il n'y croit pas; il proteste qu'elle n'existe pas.

C'est le crétinisme dans l'entêtement, l'entêtement dans la folie.

Tel est M. Proudhon.

Pour cet homme fatal, Érostrate moderne, spadassin de la publicité, il n'y a ni évidence, ni vérité. — Dans sa furieuse ardeur à tout renverser, il ne veut rien laisser debout de tout ce qui existe.

S'il s'occupait de mathématiques, il nierait les axiômes les plus palpables. Il proclamerait que deux lignes parallèles se rencontrent *toujours*, que *toujours* la ligne droite est la plus longue route! S'il s'occupait de physique, il dirait qu'il ne saurait y avoir d'effet là où il y a une cause! Il affirmerait que la lumière n'éclaire *jamais*.

M. P.-J. Proudhon, dit-il, est un logicien habile

et serré. — Il raisonne à peu près comme suit : — La preuve que c'est incontestable, c'est que c'est contesté ; jamais on ne conteste que les vérités incontestables. — Tout le monde est d'accord pour reconnaître une chose comme fausse, donc elle est vraie.

Tout le système de polémique de M. Proudhon est là, — là est toute sa *logique.*

Il aime son erreur, il s'y complaît, il s'y prélasse, il s'en fait honneur.

Combien il y a d'orgueil au fond de tous ces sectaires !

— Il n'y aurait aucun mérite d'originalité à reconnaître les vérités acceptées par tous les autres hommes. Pour se distinguer de la foule, pour faire du bruit, pour être écouté, pour occuper de soi le public, il faut nier ce que tous les autres affirment, et affirmer ce que tout le monde nie.

Tel est leur raisonnement.

Voilà qui explique l'acharnement de M. Proudhon en particulier et des socialistes en général, contre la sainte vérité.

Ils ne sont vrais que dans ces moments lucides pendant lesquels chaque socialiste s'aperçoit que les autres socialistes sont fous.

M. P.-J. Proudhon, par parti pris, nie de la façon la plus désopilante tout ce qui frappe les yeux de tous.

Ce serait charmant de folie, si ce n'était horrible de sentiment.

Il serait impossible de rendre un compte exact des idées de M. Proudhon.

Il n'est pas de miroir qui puisse refléter un pareil tableau. C'est une foule de digressions, de mots, de sophismes, de paradoxes, de dissertations, et c'est à peine si l'on peut dégager quelques fragments de ce chaos. Tout cela est d'une confusion inouie.

ANARCHIE! — C'est bien ainsi qu'on peut nommer sa doctrine, et il s'est une fois rendu justice en ne l'appelant pas autrement.

Il fait consister la justice dans l'égalité ; il la veut absolue, radicale, comme les communistes, — ce qui ne l'empêche pas de vouloir également la liberté individuelle absolue ; — comme si ces deux prétentions étaient conciliables !

Il veut le droit au travail comme le plus sûr moyen d'abolir la propriété ; il veut l'égalité des salaires, théories qu'il ne manque pas de combattre dès qu'elles sont prêchées par un autre.

Il veut une égale rémunération de tous les travaux ; et il promet que nous aurons l'égalité de force, d'intelligence, d'aptitude, de facultés, quand nous aurons l'égalité des fortunes !

Mais cette dernière prétention n'est que la partie égayante de ses écrits.

Comment, étant partisan de la liberté, empêche-t-il la liberté de se produire par la possession ?

Et comment, voulant l'égalité absolue et la mort de la propriété, a-t-il des invectives contre le communisme ?...

D'un côté, il veut la liberté absolue, d'un autre l'égalité absolue, et puis il repousse avec une égale ardeur, d'une part le communisme, et d'une autre la propriété !

On n'est pas plus illogique.

Au surplus, M. P.-J. Proudhon n'a pas même le mérite d'être original. L'histoire des utopies humaines en main, le critique peut avec raison lui contester toute invention. On retrouve chez ses devanciers, dans cette voie de destruction, les mêmes paroles, la même haine, le même esprit, le même délire, le même orgueil, et souvent encore les mêmes outrages forcenés à la Providence.

II.

L'idée de réformer la société, de faire cesser les maux de l'humanité n'est pas nouvelle, et les Socialistes ne peuvent, avec raison, se vanter d'avoir le monopole de ces aspirations généreuses ; avant eux, le christianisme a entrepris une croisade contre la misère ; avant eux, il a prêché l'amour entre les enfants de Dieu, l'harmonie dans l'humanité par l'amour, c'est-à-dire la fraternité.

Pour qui a suivi attentivement la marche de toutes ces écoles différentes, il est évident qu'aucun de leurs chefs n'avait le droit de traiter ce sujet, qu'aucun d'eux ne pouvait résoudre ce problème. Il leur manquait la Foi ; il leur manquait les vertus chrétiennes. Toutes ces tentatives sont demeurées stériles, parce que si quelques-unes étaient inspirés par la bonne volonté, la plupart l'étaient par l'égoïsme, la jalousie, tous les sentiments bas de l'âme.

Ils n'avaient pas le droit d'aborder ce problème, n'ayant pas la Foi ; n'ayant pas la Foi, ils ne pouvaient le résoudre.

J'honorerais bien le dévouement de quelques-uns de ces docteurs, si j'étais sûr qu'ils fussent sincères, mais je leur dirais :

— Telle sympathie je puisse avoir pour votre caractère, votre bonne volonté et surtout pour le but que vous vous proposez d'atteindre, je dois vous montrer que vous êtes dans l'erreur. Il n'y a qu'une vérité, le christianisme ; avec lui, vous pouvez tout, dans la paix et dans la vertu ; sans lui, vous ne pouvez rien, car vous n'enfanterez rien si vous n'êtes pas inspiré par l'Esprit, par le Verbe de Dieu !

Pourquoi le Socialisme a-t-il déchaîné toutes ces saintes colères ? — colères légitimes chez beaucoup, feintes chez quelques-uns, souvent exploitées, je le reconnais, au profit de l'égoïsme ?

Parce qu'au lieu de se produire comme une conséquence naturelle de l'Évangile, comme l'économie politique de la religion, si je puis m'exprimer ainsi, il s'est révélé comme une doctrine matérialiste et athée ; parce qu'il a servi de drapeau aux foules en délire.

La religion donne la vie ; les sectaires du Socialisme donnent la mort !

Au lieu de conjurer le cataclisme de la société en la rattachant aux croyances saintes, le Socialisme, avec l'orgueil qui est le propre de la faiblesse humaine, se proclame au-dessus de toute conscience, de toute religion, de toute foi, et veut précipiter la société dans l'abîme.

Il y a évidemment là imprévoyance et folie. L'homme sage dont la maison menace ruine, au lieu de l'abattre tout-à-fait pour se trouver ensuite sans asile, l'étaye et la reconstruit peu à peu.

Comment ces prédications de ruine n'auraient-elles pas effrayé les populations?...

En niant Dieu, les Socialistes se sont trouvés avoir pour ennemis tous ceux qui ont de la religion;

En niant la famille, tous ceux dont ce doux sentiment fait le bonheur;

En niant la propriété, tous ceux qui possèdent quelque chose, tous ceux qui espèrent posséder un jour, et tous ceux qui ont les plus simples notions de probité et de justice.

Sont restés avec eux: des ambitieux voulant faire parler d'eux, avides d'une renommée quelconque, fût-elle infâme, fût-elle achetée au prix des plus détestables moyens; des égoïstes, des envieux n'ayant rien à perdre et ayant tout à gagner aux bouleversements; des paresseux, quelques âmes égarées cherchant la fraternité où elle ne saurait être, c'est-à-dire hors de la religion du

Christ, — et puis, derrière, ces bandits, ces malfaiteurs qui sont de tous les écots, de toutes les émeutes, voleurs, détrousseurs et pillards, sortant des bagnes ou ayant mérité d'y aller, populace vile, qui déshonore le peuple en prenant son nom, et les travailleurs en se mêlant à ses rangs.

Pour qui ne se paie pas l'opulence du langage, que veulent tous les socialistes? — Détruire.

Que faut-il, au contraire?

— Améliorer et construire.

Aux égarés dont nous disons :

— Vous avez fait fausse route ; pour atteindre le but fraternel, la destinée de l'humanité, vous avez pris la voie de la destruction et de la matière, quand il fallait prendre la voie de la conservation et de l'esprit.

La matière, c'est la mort; l'esprit, c'est la vie.

Or, M. Proudhon est, de tous les socialistes, celui qui a nié Dieu avec la plus farouche franchise.

Il n'a été touché ni par la conscience et la majesté de Dieu, ni par le souffle de l'Évangile. Aucun rayon de flamme n'a éclairé son cœur.

Quand longtemps l'homme a fait fausse route dans la vie, quand il s'est bien égaré dans les voies des passions, et qu'il est épuisé, triste et désabusé de tout, il trouve dans la religion du Christ un refuge assuré Il renaît à la vie pure, fraternelle, religieuse et dévouée ; il a brisé toutes les entraves viles, il a vaincu le péché qui nous opprime et dont nous sommes les lâches et malheureux esclaves.

Le culte de la matière peut-il ainsi nous consoler, nous élever et nous affranchir ? Quelles espérances, quel bonheur nous a laissés ce foyer d'iniquité ?

Quel athée a prodigué, comme le Christ, son sang et sa vie pour le salut et la liberté de tous ? Qu'ont-ils souffert pour le bien commun ? Où sont leurs soldats, leurs apôtres et leurs martyrs ?..

Le christianisme, c'est le dévouement, l'amour, la foi ;

Le matérialisme, c'est l'égoïsme, l'orgueil, l'opprobre.

Le christianisme élève et sauve l'âme, et le matérialisme l'avilit et la perd.

Quelle consolante idée que celle qu'il y a un Dieu, un père commun ; que nous ne sommes pas des animaux jetés sur la terre par la fatalité d'un hasard sans entrailles!

Telle est cependant la croyance que M. Proudhon espère nous arracher.

Comme l'ange des ténèbres, cet ennemi des

hommes, il se transforme en ange de lumières pour tromper les enfants des hommes.

Il monte dans la chaire de pestilence, et il blasphème Dieu.

Prenez garde d'être victimes de sa perfidie, car celui qui tombera dans ses piéges ne se relèvera pas.

Ne prêtons l'oreille à ses discours que pour nous affermir dans la foi. — Dieu se plaît à réformer les bons par les méchants ; il nous instruit par les fléaux.

Ainsi, j'ai entendu, de mes oreilles entendu, les blasphêmes les plus effrénés, l'apologie des forfaits les plus monstrueux, toutes les extravagances du crime.

Eh bien ! sur moi et sur d'autres, qu'ont produit ces horribles discours? — Le dégoût et l'indignation.

C'est ainsi que j'ai vu s'éloigner du parti violent de jeunes courages qui s'y étaient le plus imprudemment engagés.

III.

En niant Dieu, M. Proudhon, vous privez l'homme de l'espoir du bonheur à venir ; vous le jetez dans le néant. Comment n'avez-vous pas compris l'utilité de la croyance qu'il existe un Dieu qui récompense la vertu et punit le crime? Comment, sans Dieu, contriendrez-vous les méchants? Comment soulagerez-vous les désespoirs? Comment relèverez-vous les courages abattus?.. Vous ôtez le but à la vie; vous rendez la vertu ridicule, le dévouement une duperie.

Sans Dieu, l'homme, persuadé qu'il n'a plus rien à attendre au-delà du tombeau, n'aura d'autre mobile que les jouissances matérielles. Il opprimera son semblable; il se vautrera dans la crapule du péché; il n'aura de respect pour rien; — la force sera sa seule loi de justice.

Avec ce monstrueux système, l'univers ne formerait bientôt plus qu'un vaste repaire de brigands et de débauchés, dans lequel tous les sentiments d'humanité seraient inconnus, étouffés.

Quoi! vous voyez la société gangrenée par l'égoïsme, malgré le christianisme, parce que ses vertus ne sont pas rigoureusement pratiquées, et vous osez nier Dieu et le christianisme! Mais que serait-ce donc quand la société n'aurait plus aucun frein moral?..

Laissez, laissez l'espoir du ciel à la vertu indigente et méconnue; laissez la crainte de Dieu au méchant, à l'oppresseur, au criminel.

— « Il est impossible, a dit lord Shaftsbury, — que tout autre qu'un très mauvais cœur puisse souhaiter qu'il n'y ait point de Dieu; car c'est former des souhaits contre le bien public et en même temps contre le bien de chaque particulier. »

Un athée ne peut pas aimer la vertu. L'athéisme nous porte à croire que tout est entraîné par une fatalité aveugle; que l'homme est une machine entre les mains du hasard; il ne reconnaît donc aucune liberté chez lui.

En ce cas, l'homme ne saurait être plus vertueux qu'une pierre.

Nous avons peine à croire que le dogme de l'existence de Dieu ait besoin de preuves. Pour croire à un être suprême, vous n'avez qu'à ouvrir les yeux et à regarder l'univers! Il est vrai qu'il suffit qu'une vérité soit acceptée par tout le monde pour que vous soyez porté à l'attaquer.

L'esprit n'a pourtant pas été donné à l'homme pour être extravagant et téméraire, pour aveugler et éblouir ses semblables; mais bien pour les guider et les éclairer.

Vous avez, Monsieur, le plus outrageusement manqué à cette mission.

Vous avez déchaîné les plus mauvaises, les plus exécrables passions de l'homme.

IV.

Il n'a pas suffi à M. Proudhon de *démolir* Dieu, la Propriété, la Famille, le Gouvernement, — il a voulu démolir aussi ses propres amis, — les autres grands prêtres du Socialisme ; — il a voulu démolir les démolisseurs, jaloux sans doute d'avoir le funèbre monopole de la destruction. L'homme fort du Socialisme a semé la discorde dans son propre camp. Il a attaqué M. Pierre Leroux, l'inventeur de la *Triade* et du *Circulus ;* M. Louis Blanc, hermaphrodite dont le communisme a trois pères au moins ; — M. Considérant, apôtre du Fouriérisme ; — M. Cabet, l'inventeur de l'*Icarie.*

Ah ! ce fut un beau spectacle ! Au reste, ces Messieurs s'étaient déjà rendu les uns les autres ce petit service. On se rappelle la remarquable et savante critique que M. Pierre Leroux fit, il y a quelques années, de la doctrine de Fourier. Il la disséqua si bien qu'il n'en resta pas un lambeau. C'était pitié à voir. Ce que c'est que de nous ! M. Pierre Leroux, après avoir dévoré Fourier, a été à son tour dévoré par M. Proudhon. Touchant tableau !

On se croit en plein carnaval quand tous ces citoyens se disputent entre eux, tant il y a de distinction et d'aménité dans le choix de leurs expressions ! Peste ! ils n'y vont pas de main morte ! on pourrait faire de leurs invectives un catéchisme à l'usage des dames de la halle.

Si on leur interdisait l'injure, ils ne pourraient plus rien dire.

Ce qu'il y a de moins commun, mais de non moins divertissant, ce sont les grands mots que les fabricateurs de systèmes ont inventé :

— *Circulus* ! dit M. Pierre Leroux.

— *An-archie* ! s'écrie M. Proudhon.

— *Triade* ! réplique le premier.

— *Icarie* ! exclame M. Cabet.

— *Papillonne* ! objecte Fourier.

Et il continue :

— *Attraction passionnelle* !

— *Société harmonienne* !

Puis, M. Victor Considérant, son disciple, lâche le grand mot :

— *Phalanstère* !

Ensuite, ce sont les aurores boréales qui doivent égaliser les températures dans toutes les parties du monde ; c'est la nuit supprimée ; c'est le soleil régénéré ; etc., etc. Enfin, les plus monstrueuses chimères.

V.

La querelle a été chaude entre M. P.-J. Proudhon et M. Pierre Leroux. Ces tendresses ont été pour nous l'objet d'une joie charmante. M. Pierre Leroux a vivement reproché « à son cher Proudhon » d'avoir juré par *Dieu* et l'*Evangile* à la tête des statuts de sa *Banque d'échange*, alors qu'il avait proclamé que Dieu était une *entité chimérique*, nié la révélation et traité les prophètes de la façon la plus narquoise.

Il a fortement attaqué sa défunte *Banque d'échange*, — système pitoyable, auquel personne n'a fait opposition et dont l'application a surabondamment démontré la folie.

Il le traite d'idiot et d'imbécile. — Après ces compliments, il lui reproche encore, en termes d'une excessive vivacité, de n'avoir pas fait un piédestal à toutes ces ambitions vulgaires, à tous ces égoïsmes violents qui, par vanité le plus souvent, quelquefois par un sentiment de dévouement mal entendu, se sont jetés dans les hasards des guerres civiles, et, après s'être divisés au pouvoir, se sont rapprochés dans la défaite, et composent les chefs du parti de l'anarchie, — tristes héros de la mort, parfois à plaindre, à blâmer toujours.

MM. Pierre Leroux et Proudhon s'accusent réciproquement d'être incompréhensibles, de n'avoir pas le sens commun.

M. Pierre Leroux accuse, avec raison, « son cher Proudhon » de détruire tout ce qui n'est pas lui; tout, — jusqu'à la Providence. M. Pierre Leroux trouve cela excessif. Il affirme que c'est un blasphème audacieux. C'est fort bien. Mais M. Pierre Leroux voit avec trop de complaisance la paille qui est dans l'œil de son voisin et ne voit pas la poutre qui est dans le sien; car le système prétendu religieux de ce philosophe étant matérialiste, quoiqu'il en puisse dire, et je le prouverai, conclut, comme M. Proudhon, à la suppression de Dieu.

La religion est sur les lèvres de M. Pierre Leroux; je ne puis croire qu'elle soit dans son cœur.

Voilà où en sont arrivés des hommes d'un talent remarquable pour s'être écartés de la voie du christianisme.

Terrible exemple! haute et terrible leçon qui

profitera, n'en doutons pas, à la génération qui se lève !

De son côté, M. Proudhon répond à « son cher Leroux » qu'il est plus socialiste que lui, seulement qu'il ne croit ni au *Circulus*, ni à la *Métempsycose*, ni à la *Triade*.

Dans cette lutte sans dignité, tous deux s'anathématisent.

L'un dit à l'autre :

« — Vous n'êtes pas *Socialiste* puisque vous n'êtes pas partisan de la *Banque du Peuple* et de l'*Anarchie.* »

L'autre répond :

« — Vous n'êtes pas socialiste, puisque vous n'êtes pas partisan du *Circulus*, de la *Métempsycose* et de la *Triade.* »

A ce compte, il doit y avoir bien peu de socialistes !

Les deux chefs d'école, également et tour-à-tour excommunicateurs et excommuniés, ont raison l'un contre l'autre, et donnent des armes puissantes aux adversaires du socialisme.

Leur orgueil est le même, ils prétendent chacun incarner en eux seuls le socialisme et la démocratie.

Même aussi est le but qu'ils poursuivent par des

moyens différents : — le renversement de la société.

Or, si la société a pour ennemis, j'en conviens, ses aveugles amis, qui se traînent dans l'ornière de la routine, et qu'effraient les mots seuls de réforme et de progrès, elle a surtout pour ennemis ces révolutionnaires présomptueux et inexpérimentés qui encouragent toutes les violences, tous les crimes, tous les désespoirs, qui démoralisent les cœurs, affament les populations, et irritent les plaies qui saignent au flanc de l'humanité.

Que ce soit là le but qu'ils se proposent tous, je n'oserais l'affirmer, mais telle est la conséquence à laquelle conduisent leurs doctrines logiquement interprétées.

Ainsi, quand M. Proudhon vient s'écrier que *Dieu n'existe pas*, outre le crime moral qu'il commet lui-même et qui le rend l'homme le plus abominable, le plus odieux et le plus dangereux du monde, ne justifie-t-il pas tous les crimes, tous les excès, toutes les turpitudes, tous les vices, toutes les viles brutalités du matéralisme ?...

Quand il vient s'écrier que la *propriété est un vol*, ne donne-t-il pas raison aux scélérats, aux voleurs, aux *politiques de poche*, aux assassins même; enfin à tous ceux qui attentent à la propriété d'autrui ?...

Car si la propriété est un vol, les propriétaires sont des voleurs; les dépouiller, non-seulement n'est pas un mal, mais cela devient une action de choix; c'est faire acte de justice. Et quand, pervertis par de semblables doctrines, des misérables commettent les plus exécrables forfaits, n'ont-ils pas eu pour instigateur et pour complice M. Proudhon lui-même? Ne peut-il avoir inspiré la main coupable? Les filous, au lieu de paraître devant leurs juges, le front rougi et la tête basse, peuvent désormais, s'inspirant des ouvrages de M. Proudhon, leur dire avec le cynisme de l'effronterie :

— « Vous n'êtes pas nos juges, mais bien nos ennemis politiques. Nous sommes *Proudhonnistes*; nous avons repris notre bien où nous l'avons trouvé; *la propriété est un vol*; nous ne sommes pas des malfaiteurs vulgaires, nous sommes *socialistes* ! »

Il est très évident que M. Proudhon s'empresserait de désavouer de pareils disciples et qu'il répudierait cette solidarité honteuse. Et pourtant, la logique serait pour les voleurs contre lui.

Comme il a déchainé de mauvaises passions !

comme, en traduisant ses principes en faits, on arrive au désordre, au crime !

Vraiment Satan serait parmi nous qu'il ne tiendrait pas un autre langage que M. Proudhon ; il ne prêcherait pas mieux la destruction, le mal, le matérialisme, la mort !...

Cela est clair, incontestable, et M. Proudhon aura, j'en jure, à en répondre devant l'histoire, devant sa conscience et devant Dieu!

Jamais, jamais la société ne fera l'épreuve funeste des doctrines de M. Proudhon, ce croque-mort moral qui ensevelit toutes les bonnes et grandes choses, car, quoiqu'il en ait pu dire, il ne porte rien dans ses flancs. Il tue, il n'enfante pas; chez lui, rien d'applicable. Il renverse, il n'édifie pas. Il désespère l'humanité par l'athéisme; il ne lui montre aucun horizon. Il n'a rien de sacré, il profane tout.

Mais quoi ! votre cœur n'a donc jamais été touché par la splendeur de la nature, que vous osez nier ce Dieu auquel croient tous les hommes, devant lequel tous les hommes s'inclinent ?...

Vous avez rougi vos mains du sang du Christ,— de ce sang divin qui ne s'efface pas !

Et quand vous tomberez vaincu, épuisé, maudit, vous n'emporterez aucune consolation dans votre chute, car vous êtes seul, seul, — tout seul!

Au malheureux qui n'a plus de famille, au coupable qui n'a plus d'amis, il reste la famille chrétienne et pour ami l'évangile; il reste la pensée de Dieu; mais que vous restera-t-il à vous qui avez déchiré l'évangile et craché sur la Providence ?.....

Que vous ne croyiez pas, c'est un grand malheur pour vous; mais le silence au moins était la loi de l'honneur; vous ne deviez pas répandre le venin malfaisant sur les âmes, vous ne deviez pas chercher à entraîner vos semblables dans votre abîme; vous deviez respecter ce qui faisait leur espoir et leur bonheur, leur courage, leur vertu.

De quel droit osez-vous bien retrancher la foi du monde ? Où puisez-vous le droit d'éteindre le divin flambeau ?—Est-ce en vous-même, mortel présomptueux, pauvre ver de terre rampant comme nous tous ?... Où est votre autorité ?

Au nom de quels ténèbres supprimez-vous l'éternelle lumière ?

On comprend les saintes témérités du fanatisme; mais l'audace impie du blasphémateur, l'orgueilleuse révolte de l'athée est sans excuse.

Comment pouvez-vous, Monsieur, avoir *la conviction* que Dieu n'est pas ?... Vous ne voyez donc pas que vous outragez, par ce blasphème, votre propre intelligence ?...

Cette négation de l'Etre suprême est si absurde qu'elle ne peut être avancée par un homme ayant le libre exercice de sa raison. Eussiez-vous au dedans de vous cette conviction détestable, que vous auriez dû la taire et en rougir, ne fût-ce que pour ne pas éloigner de vous l'humanité tout entière, et pour ne pas passer pour l'être le plus malheureux et le plus abominable de la création.

Cette parole, qui pesera éternellement sur vous, est une parole odieuse d'intolérance, de méchanceté, d'inquisition; vous avez jeté du poison dans ce qu'il y a de plus intime et de plus sacré, la conscience ; — vous avez fait l'œuvre infernale de Satan ; vous vous êtes fait maudire, vous vous êtes rendu à plaisir l'objet des haines les plus vives, du plus ardent mépris. Non content de soulever les plus violentes tempêtes contre la société, qui, malgré ses imperfections, est encore et sera toujours préférable à votre *an-archie*, vous avez, par les paroles sorties de votre bouche, outragé la divine Providence elle-même !...

Vous avez essayé d'arracher des cœurs l'espoir éternel ! Vous avez exclu les bons des récompenses infinies ; vous avez promis l'impunité sans retour aux méchants !

Ah ! vraiment, le ridicule est chez vous l'égal du crime.

Niez, niez toujours, Monsieur, Dieu vous voit et vous juge !...

VI.

Les hommes perdent leur temps en folles disputes qui ne font qu'aigrir les esprits, envenimer les plaies, décourager ceux qui veulent faire le bien, détruire la confiance et qui ne font pas avancer le progrès d'un pas, — au contraire.

Toutefois, dans la polémique entre MM. P.-J. Proudhon et Pierre Leroux, ces publicistes nous ont fourni des armes l'un contre l'autre.

Au reste, M. Pierre Leroux n'est pas le seul socialiste avec lequel M. Proudhon ait engagé la lutte.

Il a même attaqué les communistes, — et pourtant, la raison et la logique l'avaient fait considérer comme leur grand prêtre, — comme leur plus ardent sectaire.

Il démontre les irréparables injustices de la

communauté ; la servitude qu'elle impose aux sympathies et aux répugnances secrètes du cœur humain ; il montre, avec cette doctrine, la conscience violentée, la liberté détruite, la société plongée dans la plus triste atonie. Il constate combien les critiques ont eu de facilité à dégoûter les hommes de cette dégoûtante théorie.

S'il est une chose contre laquelle M. Proudhon ait vomi plus d'injures que contre la propriété, c'est assurément la communauté. Il est d'une impertinence aussi superlative avec l'une qu'avec l'autre.

Et il fait feu de tous côtés à la fois ; il comprend dans un même anathème, avec le communisme, négation de la propriété, la royauté, la démocratie, la philosophie et la religion, qu'il regarde comme des formes diverses de propriété, et auxquelles il préfère :—« L'ANARCHIE et l'ATHÉISME, « ces fondements de mon système *réfractaire à* « *toute autorité divine et humaine* ! »

M. Proudhon, comme tous les autres socialistes proprement dits, se défend avec beaucoup d'énergie d'être communiste.

Son cri sauvage contre la propriété, qu'est-ce donc, cependant, si ce n'est la formule communiste par excellence? Et il a été contraint de l'avouer lui-même, dans une réponse aux attaques des communistes :

— « Qui plus que moi, s'est-il écrié, *a bien mérité du communisme ?* »

Et c'est vrai, personne plus que lui ne peut se vanter d'avoir excité les haines et les passions contre la propriété. Nul plus que lui n'a été un instrument de discorde.

Cela n'a pas empêché M. Proudhon de flétrir les autres socialistes, — contradiction inspirée par la jalousie, dont les conservateurs de la Propriété et de la Famille ont profité.

Il les tourne tous en dérision, et avec eux la fraternité, la charité, confondant ainsi le bien et le mal dans un même blasphème.

M. Proudhon, qui raille si fort la fraternité dans un passage, en fait fortement l'apologie dans un autre.

M. Proudhon flétrit les républicains de la veille, les politiques, — ces ambitieux grotesques dont nous avons vu l'incapacité au pouvoir ; il flétrit le système de Fourier, comme entaché de *bêtise* et d'*infamie*.

Il n'a pas assez d'indignation pour ce système d'une si profonde immoralité.

Et, chose bien digne de remarque, M. Proudhon

détruit les socialistes, et dans cette œuvre, — la seule dans laquelle il se montre intelligible et raisonnable, — il se sert des armes de ce catholicisme auquel il ne croit pas. Il l'outrage et il lui emprunte sa logique, — tant est forte la force de la vérité !

Il écrase le socialisme avec cette puissance de logique dont il est généralement si dépourvu. Il répudie toute espèce de solidarité avec le socialisme qu'il traite de ramas impur de turpitudes et d'immoralité, — « propre seulement à faire des » *dupes* et des *escrocs*. »

Il le montre ignorant et vantard, faisant grand bruit de ses prétendus spécifiques, de sa fausse science, et ne reculant, dans sa vanité, devant la solution d'aucune difficulté. Il le montre propageant dans l'ombre la politique de clubs et d'estaminets :

— « Pour moi, je le déclare, en présence de cette » propagande souterraine qui, au lieu de chercher » le grand jour et de défier la critique, se cache » dans l'obscurité des ruelles ; en présence de ce » *sensualisme éhonté*, de cette *littérature fangeuse*, » de cette *mendicité sans frein*, de cette hébétude » d'esprit et de cœur, qui commence à gagner » une partie des travailleurs, je suis pur *des infa-* » *mies des socialistes*. »

Vains discours ! menteuses paroles dans cette bouche, paroles hypocrites, qui ne peuvent donner le change à personne.

Non, Monsieur ! vous n'êtes pas pur des infâmies des socialistes. Comme eux, vous avez propagé les plus odieuses doctrines ; ce qu'ils ont attaqué, vous l'avez attaqué, et vous avez eu leur tendresse pour les mêmes utopies, pour les mêmes crimes.

Et qu'osez-vous bien leur reprocher? Vos écrits ne respirent-ils pas, au moins à l'égal des leurs, un sensualisme odieux et brutal? Votre littérature n'est-elle pas aussi *fangeuse* que la leur? N'avez-vous pas, comme eux, égaré les travailleurs? Il vous sied bien, vraiment, de les blâmer des excès que vous commettez avec eux et comme eux !

Quoiqu'il en soit, vous leur dites de rudes vérités, et dans l'ardeur de votre polémique, vous vous oubliez jusqu'au point d'avouer que « si parfois le pauvre se récrie contre l'inégalité dont il » souffre, c'est moins encore par zèle de justice » *que par rivalité de concupiscence.* »

Vous parlez en termes amers de ce que vous appelez « *l'égoïsme indisciplinable du pauvre,* » et aux socialistes qui disent que l'homme est né bon et que c'est la société qui le déprave, vous répondez, avec le catholicisme, que le mal est dans l'homme ; vous vous faites arme du péché originel

Et puis, vous vous mettez à nier la fraternité, la charité, le dévouement.

M. Proudhon attaque ensuite chacune des idées socialistes ; il les prend au corps une à une et les terrasse ; il accable le communisme de M. Louis Blanc et le communisme de M. Cabet, l'*Icarie* du second, l'utopie non moins tyrannique de l'autre.

Il prouve que tous ces systèmes désorganisateurs n'ont qu'un but, l'expropriation, et nous mènent tout droit à la loi agraire, à la misère générale.

Il s'élève, avec une vigueur juvénile, contre l'*Organisation du travail*, le *Droit au travail*, l'*Association*, l'*Impôt progressif* et la *République démocratique et sociale.*

M. Proudhon, ce travail de destruction accompli avec un grand soin, on doit le reconnaître, revient encore à l'utopie communiste, qu'il avoue être le seul socialisme logique, et il déclare nettement que la nature de l'homme est antipathique au communisme, — cette négation de la liberté et du progrès, qui ferait de nous les plus abjects et les plus malheureux des animaux.

Il prouve, avec une indomptable énergie, que le communisme mène nécessairement à la communauté des femmes et à l'abolition de la famille.

Et son système, à lui, où mène-t-il donc? car, abolir la propriété et supprimer le culte de Dieu, n'est-ce pas abolir la famille et supprimer l'amour ?

Religion, Famille, Propriété, ces trois pierres de l'édifice se touchent et se soutiennent mutuellement, en briser une seule, c'est faire écrouler l'édifice tout entier.

Après avoir montré les erreurs de tous les socialismes, il y retombe lui-même avec la persévérance la plus entêtée, et il déclare *infâme* la justice qui protège le libre exercice de la propriété.

M. Proudhon avait eu un moment lucide ; il s'en dédommage amplement. Il rattrape rapidement le temps perdu, et il conclut comme il a commencé, par le néant.

Ses ouvrages sont, en somme, le plus monstrueux assemblage qu'on puisse rencontrer ; aux imprécations succèdent les blasphèmes, à l'anarchie, le chaos.—C'est révoltant et c'est triste.

VII.

M. Proudhon ne veut pas de gouvernement ; il est partisan de *l'an-archie*, — c'est son mot.

On le voit, il a le sombre cynisme de la position qu'il s'est faite.

Il déclare qu'il s'appliquera sans relâche à détruire le *préjugé du gouvernement*; et il ajoute que l'idéal d'une société libre et bien organisée est l'anarchie.

D'après lui, Dieu et l'Autorité sont des mensonges qui empêchent les hommes d'être libres; l'anarchie est l'incarnation nouvelle de la liberté sur la terre.

Le NÉANT est la transformation socialiste de l'autorité.

On le voit, par ses dogmes, le socialisme abrutit l'esprit de l'homme, pervertit son cœur, et asservit sa liberté.

Ainsi, c'est pour arriver à la liberté que M. Proudhon proclame la négation absolue de Dieu et de tout Gouvernement!

Ce malheureux est dans l'aveuglement le plus complet, et il nous trompe avec lui quand il vient nous dire qu'il est un homme de liberté. — C'est comme quand il proteste qu'il n'est pas socialiste.

Vous parlez toujours de liberté, et vous ne comprenez même pas ce mot sublime! Comment serez vous libre si vous êtes l'esclave du péché! Affranchissez donc d'abord votre âme! Vous ne serez pas libre tant que vous serez dans la servitude de la matière. Tant que vous nierez l'existence de Dieu, vous ne serez pas libre; car il ne saurait exister de liberté qu'en Dieu. — Il en est de même de la fraternité, — doctrine d'amour, — car l'amour vient de Dieu seul.

Comment serez-vous libre, si vous ne savez vous soumettre à aucune loi, à aucune puissance, à aucune autorité?

L'obéissance est le plus grand acte de liberté; obéir volontairement, c'est le dévouement de la liberté.

Sans obéissance, il n'y a ni ordre moral, ni ordre matériel. L'obéissance est la loi de tout être. L'harmonie du corps cesserait si les membres n'obéissaient pas à la tête.

Vous n'avez donc aucune logique dans l'exercice de votre exécrable apostolat?...

Quand chacun serait libre de faire tout ce que bon lui semblerait, il n'y aurait plus de liberté pour personne. Vous le voyez, votre affreuse doctrine, loin d'être une conquête heureuse dans la carrière de la dignité humaine, est un pas en arrière vers la route lugubre.

Vous préconisez une société sans Dieu et sans gouvernement, une anarchie perpétuelle, dans laquelle tout homme, envisagé isolément, n'aurait rien de commun par les croyances et les liens du cœur avec ses semblables, rien de commun que la froide et sèche solidarité d'échanges égoïstes de produits. Chacun travaillerait et consommerait comme il pourrait, ne devant rien à autrui, ne pouvant rien lui demander. Chacun ferait toutes ses volontés.

Tel est votre système.

Et vous appelez cela l'avènement de la liberté ! C'est avec cela que vous avez la prétention de renverser l'idéal chrétien, — cet idéal appelé à faire les sociétés si riches, si fraternelles et si heureuses !

Quoi de plus sec, de plus aride, de plus étroit !..

Et puis, comme vous êtes en contradiction avec vous-même ! vous avez commencé, comme économiste par vous déclarer partisan d'un pouvoir spoliateur qui dépouillât les *voleurs*, c'est-à-dire les pro priétaires ; aujourd'hui, en politique, vous ne voulez plus de gouvernement du tout. Vous ne sentez pas quelle inconséquence ! quelle contradiction !.. Dans le premier cas, l'Etat *demandait* à tous les producteurs de la France, c'est-à-dire à dix millions de citoyens, s'ils voulaient avoir la bonté de s'imposer une cotisation de 1 pour 0/0 sur la totalité du capital mobilier ou immobilier du pays, —

de même que Mandrin *demandait* au passant s'il voulait avoir la bonté de lui prêter sa bourse.

L'Etat aurait ainsi plus d'un milliard, ce fameux milliard que les socialistes *demandent* avec tant d'instance.

Cet argent aurait servi à la création d'une banque hypothécaire à 1/2 pour 0/0, dont le but était d'abolir l'intérêt de l'argent, de rendre le crédit gratuit. Vous prêchiez encore l'équivalence des échanges.

Avec cette combinaison, l'État était tout, la liberté individuelle rien.

Maintenant, voilà que faisant brusquement volte face et changeant tout-à-coup de tactique, vous démolissez vos propres fortifications ; vous ne voulez plus de gouvernement ; la liberté individuelle est tout ; c'est à son tour l'État qui n'est plus rien.

D'où vient cela ? êtes-vous l'homme d'hier ou l'homme d'aujourd'hui ? Que voulez vous définitivement ?

Ah ! je crains bien que votre seul but ne soit de vous faire un nom par le scandale, l'antithèse, la négation, la peur. Vous êtes le croquemitaine de la société. Vous posez tous les problèmes dans un style brûlant et coloré ; vous les posez contradictoirement ; vous vulgarisez le triste talent du pour et du contre. Cette dextérité nous récréerait fort, si elle n'était dangereuse; si les sots, les niais, les envieux, les méchants, ne se faisaient une arme de chacun des gobelets de votre arsenal de charlatan.

Maintenant que vous déclarez que vous voulez la liberté individuelle absolue et sans limites, vous ne pensez donc plus que la propriété soit un vol? car le premier exercice que l'homme fait de sa liberté, c'est d'acquérir!

Après avoir d'abord conclu au néant, vous consentez donc à nous laisser notre Dieu!

Allons, franchement, vous n'avez pas de système. Vous n'avez d'autre système que de n'en point avoir. Vous n'avez aucune ligne droite; vous ne suivez aucun chemin. Toutes les routes vous sont bonnes où il y a des fruits à abattre. Et puis, en bon prince, quand vous avez tout détruit, vous voulez bien reconstruire çà et là une partie de ce que vous avez démoli. Ainsi, après avoir anéanti Dieu, la foi, la religion, la propriété, l'idée même de gouvernement, vous nous permettez de remettre tout cela dans votre creuset, et vous daignez nous promettre de les reconstruire par la *science*.

Vous avez la science, en effet, mais c'est science fatale qui perdit notre premier père; c'est la science du mal. Ainsi, où nous conduisez-vous? — Au néant!

Et vous le proclamez avec la folie de l'orgueil.

Votre idée de *Banque d'Echange* n'est pas nouvelle, et de toutes vos idées, je crois que c'est la seule dans laquelle vous persévérez. Vous aviez commis, à l'effet de provoquer un appel de fonds assez agréable, un prospectus d'un lyrisme attendrissant, — le plus pompeux des prospectus. Votre *Banque du Peuple* promettait d'être l'*organisation du crédit et de la circulation, la solution du problème social, sans impôts, sans emprunts, sans numéraire, sans réquisition, sans banqueroute, sans loi agraire, sans taxe des pauvres, sans ateliers nationaux, sans association, sans participation, sans intervention de l'Etat, sans entrave à la liberté du commerce et de l'industrie, sans atteinte à la propriété, etc.*

Eh bien! vous n'avez tenu aucune de ces belles promesses. Vous n'avez pas du tout *organisé le crédit et la circulation*, vous n'avez résolu aucun problème, aucun. Vous avez échoué piteusement. D'autres socialistes vous ont bafoué eux-mêmes; ils vous ont accusé « d'avoir *menti* à votre pro» gramme. » — ce morceau le plus transcendant du genre. En vérité, ce simple et naïf aperçu de ce que vous pouvez faire vous a fait le plus grand honneur !... Après cela, il vous reste la ressource usée de dire que vous n'avez pas été compris; mais l'on vous répondra que ce n'est pas, en tous cas, faute d'avoir fait du bruit.

Si la société pouvait encourager l'application de toutes les utopies, elles se seraient bien vite tuées elles-mêmes par le ridicule.

Il en serait de toutes les écoles socialistes comme de la *Banque d'Echange* de M. Proudhon et du *communisme icarien* de M. Cabet.

Mais il est impossible à la société de donner à tous les habitants de Charenton ou à tous ceux qui sont dignes d'y être, les moyens d'appliquer leurs rêveries. Ces extravagances nous coûteraient trop cher.

S'ils s'inspiraient de la religion, nous nous garderions bien de blâmer ces penseurs hardis qui cherchent les moyens d'améliorer le sort de ceux qui souffrent; nous applaudirions de tout notre cœur à leurs efforts, car nous-même, bien des fois, nous avons réfléchi sur le problème hideux de la misère, et notre âme s'est emplie de pitié et d'amertume.

Ce que nous blâmons, ce sont ces utopies qui peuvent armer les citoyens les uns contre les autres ; ce sont ces doctrines qui n'ont pas eu pour point de départ la pensée de Dieu, — ce foyer de tout bien, de toute grandeur, — cette source ardente de tout ce qui est amour.

Pour résoudre cet effrayant problème, autant que le permet la faillibilité et l'imperfection humaine, il faut d'abord s'inspirer de l'Evangile. Or, c'est ce qu'aucun écrivain socialiste n'a fait jusqu'à ce jour. — De là leur faiblesse.

Les réformateurs modernes se préoccupent par trop des choses matérielles ; il semble que l'âme, l'art, les choses de l'esprit n'existent pas pour eux.

Loin de moi, bien loin de moi la pensée blasphématoire de dire que tous les ouvriers sont trop heureux, qu'ils ont largement plus qu'il ne leur faut, que le travail ne leur manque pas quelquefois, et qu'il n'y a rien à faire pour leur amélioration morale et matérielle !...

Mais s'il est juste de s'occuper des réformes légitimes qui concernent les ouvriers, il est juste aussi de penser à une multitude d'autres citoyens qui, pour ne pas porter la blouse du travailleur manuel, pour ne pas servir de marchepieds à des ambitieux vulgaires, n'en sont pas moins très intéressants.

C'est cette foule de pauvres employés qui ne

gagnent pas plus que l'ouvrier, et qui ont de plus que lui des frais de représentation que leur imposent et les devoirs de leur profession et la fréquentation obligatoire du monde, d'écrivains, de savants, d'artistes qui attendent un nom et creusent le rude sillon dans le champ de la pensée.

Que de misère, là aussi ! que de veilles ! que de douleurs ! que de souffrances ! que de larmes ! que de découragements !

Ah ! pour être fièrement supportée, pour être digne, calme et muette, cette infortune n'en est pas moins amère !

Les Socialistes qui prétendent que l'État doit être fabricant, manufacturier et marchand, — ce qui est reconnu être matériellement impossible, — voudront-ils aussi que l'État donne du travail aux hommes de lettres sans éditeurs, aux journalistes sans journaux, aux employés sans occupation, aux artistes sans commandes, aux médecins et aux avocats sans clients, aux savants sans position ? Non. Ils excluent forcément les professions libérales ; ils les suppriment dans leur sombre logique, au mépris de la liberté humaine, au mépris des droits du progrès moral et de la civilisation !

Si ces impures et formidables doctrines ne faisaient que sommeiller dans des livres, inutile serait-il de s'en occuper autrement que pour plaindre l'erreur humaine; mais le danger est qu'elles se transportent dans l'arène ardente des passions enflammées, qu'elles se traduisent en combats sanguinaires, en luttes coupables, en misères douloureuses, en crimes monstrueux.

Les Socialistes sont surtout très maladroits, en ce sens, qu'ils ont effrayé les populations. Or, tant que la peur domine, le commerce ne va pas; la consommation se ralentissant, la production s'éteint. La confiance ne se commande pas, et tous les systèmes d'économie politique qui ont un caractère oppressif, qui menacent la sécurité et le repos publics, qui rappellent les jours de terreur et de spoliation, sont par cela seuls mauvais et doivent être condamnés comme tels.

Tout réformateur qui déchaîne les tempêtes au lieu de les conjurer, ne réussira pas, et il en sera ainsi de tout réformateur qui ne s'inspirera pas, avant tout, de l'esprit de paix et d'amour de l'évangile.

VIII.

Non, encore une fois, M. Proudhon n'a pas de système. C'est un critique quand même, ce n'est pas un réformateur. Il fait du désordre pour le désordre, comme on fait de l'art pour l'art. C'est un aventurier audacieux sur les mers infinies du pamphlet; ce n'est ni un homme d'état, ni un philosophe, ni un penseur.

Je l'ai choisi le premier entre tous, parce que, quoi qu'on en ait pu dire, il m'a paru le moins dangereux. On parle de lui comme il parle des autres et de tout, en jouant. C'est un sujet bon pour essayer sa plume.

Ce grand agitateur n'agitera plus rien. La curiosité même se retire de lui.

C'est un protée orgueilleux et paradoxal, un *bravo* moral, querelleur et répulsif, personnellement moins féroce qu'il ne tient à le paraître, Don-Quichotte de la publicité, dont on rirait s'il n'y avait pas en France un nombre suffisant d'imbéciles et de coquins pour l'écouter et lui élever un piédestal.

Là, seulement, est toute sa force, et cela seul l'a rendu dangereux.

IX.

M. Proudhon n'est pas le seul des socialistes qui ne veuille aucun gouvernement.

Un des apôtres les plus résolus du parti socialiste a publié ces temps derniers, un livre qu'il appelle le *Credo socialiste.*

Les doctrines générales des socialistes y sont exposées avec soin, le tout mêlé des plus impudents blasphêmes, des plus impudents mensonges. A signaler ces perfides manœuvres, il y a haute obligation.

Il y a obligation d'empêcher le pouvoir du faux de prendre un détestable empire sur l'esprit public égaré ; il faut à la calomnie opposer la vérité, il faut empêcher que les méchants n'attisent les haines et ne déchaînent les préjugés ; il faut les mettre dans l'impossibilité de corrompre la sincérité du langage, et de dénaturer les droits de la liberté ; car il ne saurait y avoir de liberté sous la tyrannie de ces odieuses doctrines.

Voici, en substance ce qu'il est dit dans le *Credo socialiste* : Les ennemis des socialistes sont des *voleurs*, des *scélérats*, des *aristos* qui rampent aux pieds du pouvoir qu'ils veulent fastueux, riche et omnipotent, parce qu'ils aiment le faste et l'opulence, parce qu'ils partagent avec le gouvernement *les dépouilles du peuple,* et qu'ils se livrent aux *plus effroyables débauches et aux orgies les plus dégoûtantes.*

— Il faut *dépouiller* ceux qui possèdent.

Ceux qui veulent un gouvernement, n'en sont partisans que pour partager ses excès, pour *s'enivrer* avec lui, pour *séduire avec lui les femmes et les filles du peuple*; pour se permettre tout impunément, pour échapper aux châtiments que méritent leurs *crimes.* Quand donc, et cela, dit l'auteur, arrive tous les jours, quand ces *bandits* qui sont partisans d'un gouvernement à la tête de la société ont *déshonoré* le pays, se sont *souillés* de *viols* et d'*assassinats*, ils trouvent des procureurs parjures à la justice pour amnistier leur *scélératesse privilégiée.*

Tel est ce beau début. Le public sera très curieux d'apprendre que la société marche de la sorte. Mais c'est pourtant ainsi que le prétend ce livre effronté.

Continuons: Ce ne sont pas les criminels qui sont au bagne qui méritent le mépris public, ce sont les juges qui les y ont envoyés! Le misérable n'est pas le voleur et l'assassin, c'est le volé et la victime!

Jamais la rage du crime en délire n'est arrivée à un pareil paroxisme. C'est le renversement de toute justice et de toute morale. D'après les socialistes, tous ceux qui possèdent, tous ceux qui son au pouvoir ou qui sont partisans d'un pouvoir quelconque, tous ceux qui ont gouverné et qui veulent un gouvernement quelconque, ne sont que « *des escrocs, des voleurs, des assassins et des* » *bandits affreux.* »

Telle est la *ferme conviction* que doit avoir *tout bon socialiste*!

Cela s'est écrit, s'est imprimé et s'est distribué dans les rangs des ouvriers.

Voilà les socialistes!

Et ils ajoutent qu'ils ont des preuves irrécusables de ces calomnies abjectes au moyen desquelles ils espèrent rendre le peuple parjure aux lois de Dieu et des hommes.

« Les gueux, les forçats, les *repris de justice*, » dit le *Credo socialiste*, « sont plus honnêtes et plus » dignes d'estime que *ceux qui veulent un gouver-* » *nement* ! »

Jamais on n'avait fait avec autant d'effronterie l'apologie du crime.

Mais poursuivons.

Les conservateurs, les adversaires du socialisme ne sont qu'un *foyer d'infection*, un *cloaque infect*, les *protégés de femmes galantes en crédit*, passant leur temps dans le jeu, dans les excès de *l'intempérance la plus crapuleuse*, et *à suborner les femmes et les filles du peuple.* Leur vie n'est qu'un tissu de débauches, d'orgies, de turpitudes. Ce sont des *sycophantes*, des oppresseurs, des voleurs; *il faut les tuer*! — Ils doivent tomber tous ceux qui ne sont pas partisans de *l'an-archie, « dans le sang et la boue* ! »

C'est inouï de cynisme. Ces gens-là se voient dans nos yeux.

Les socialistes sont tous des fripons, des dupes ou des assassins! —

Dites-le. — De pareilles doctrines ne sont-elles pas faites pour dégoûter profondément l'honnête homme, et si progressif qu'il soit, il a peine à ne pas maudire une liberté qui a enfanté une pareille licence !.....

Ainsi, cela est bien convenu, si ces socialistes-là triomphaient jamais, tous ceux qui sont dans les bagnes ou qui ont mérité d'y être, seront au pouvoir, et les autres seront dépouillés et exterminés!

Agréable perspective pour l'humanité! je ne m'étonne plus d'avoir trouvé tant de voleurs se disant *socialistes*, dans les prisons où me jeta autrefois la vivacité de ma plume.

Le *Credo socialiste*, ouvrage de l'école de M. Proudhon, compare les professeurs de barricades aux martyrs chrétiens; Il les compare aussi à Socrate, à Mahomet et même à Jésus-Christ, — *ce premier sans-culotte* que les Pharisiens clouèrent à l'infâme gibet.

On va plus loin dans cet *évangile socialiste*; on fait l'apologie de socialistes condamnés pour *banqueroute frauduleuse* et autres crimes! On les appelle « les sublimes victimes de l'oppression des » forts et des puissants. »

Les jurés qui les ont condamnés sont « des réac» tionnaires calomniateurs et sanguinaires; » — et on promet, à ces *sublimes victimes* l'admiration des peuples, quand le socialisme aura triomphé. — Elles ont le temps d'attendre !...

— « Les épithètes de *forçats* et de *repris de jus» tice* sont, » dit l'auteur du *Credo*, « *des titres au » respect des socialistes. L'homme flétri est un martyr » qu'il faut vénérer en comparaison de ce qu'il a » souffert.* »

A la bonne heure! voilà de la franchise, au moins!...

Ainsi, les honnêtes gens et le peuple sont prévenus, — bien prévenus. Le triomphe des socialistes nous amènerait le règne des forçats et des repris de justice, des *vénérables flétris* !

Tels sont les dogmes du socialisme, nous ne

calomnions pas, ici; nous n'inventons pas, nous citons textuellement.

Poursuivons :

— « La magistrature inspire la *haine et le mépris* ! »

Voilà les doctrines, les discours, les écrits au moyen desquels les socialistes prétendent arriver à l'*émancipation humanitaire, à la regénération sociale.*

Les criminels atteints par la loi, condamnés par un jury libre, par leurs concitoyens et par les magistrats du pays sont : « *des martyrs de la cause du peuple toujours persécutée et toujours renaissante sous le rostre du vautour gouvernemental.* »

Au reste, l'auteur du *Credo socialiste* parle non seulement pour ses « *frères et amis,* » mais il parle aussi pour lui-même, car voici ce que je lis dans le journal d'aujourd'hui sur son compte :

« Un individu nommé Dupuy, qui se disait peintre en miniature et homme de lettres, et ancien agent politique de M. Ledru-Rollin, voyageait de ville en ville sous prétexte de propager les bonnes doctrines démocratiques et sociales. — Mais ayant fait des dupes nombreuses à Libourne, il fut incarcéré dans la maison d'arrêt de Périgueux, jusqu'à ce que l'on instruisît son procès. Il a été prouvé, au grand jour de l'audience, devant le tribunal de Libourne, qu'en outre de *cinq années de réclusion* prononcées contre lui, en 1826, par la cour d'assises de la Seine, pour *vol qualifié*, cet audacieux personnage a été condamné par la cour d'assises du Puy-de-Dôme à un an d'emprisonnement pour cris séditieux, à un mois de la même peine par le tribunal de Gien, pour *escroquerie*, également à un mois d'emprisonnement par le tribunal d'Epinal, pour *falsification de passeport* et mendicité ; puis, successivement, par les tribunaux de Grenoble, de Beaune, de Saint-Marcelin, de Nîmes, de Tournon, de Troyes et d'Yvetot, pour *rupture de ban*. — Ces précédents judiciaires ont été reconnus à l'audience par Dupuy, qui n'en a pas moins persisté à se poser en homme éminemment irréprochable. Il a eu le malheur d'être incompris ; l'avenir le réhabilitera. Le tribunal a jugé sa conduite avec moins d'indulgence, et, le déclarant coupable tout à la fois d'*escroquerie*, d'*abus de confiance* et de *rupture de ban*, il l'a condamné à un an et un jour d'emprisonnement, 50 fr. d'amende et aux frais. »

Le peuple, heureusement, a trop de religion et de probité pour se laisser entraîner par ces agents de l'iniquité. Il ne prêtera pas l'oreille aux artisans du crime, de l'athéisme et du mensonge. Son âme immortelle ne se laissera pas souiller par ces funestes enseignements. Au symbole socialiste qui désespère et qui donne la mort, le peuple préférera toujours le symbole chrétien qui encourage et donne la vie !

Après avoir attaqué le gouvernement politique, lè socialistes attaquent l'autorité religieuse.

— « Les prêtres sont des fourbes. Les socialistes doivent s'affranchir de leur *joug odieux.* »

Ainsi, ils abaissent l'humanité dans la fange de la matière ; ils la précipitent haletante, éperdue, désespérée, dans les sombres abîmes du néant. Ils arrachent les fruits de vie des mains de nos pieux pasteurs, et les foulent aux pieds dans le chemin ; ils privent les âmes de leur nourriture céleste ; ils éteignent la lumière qui éclaire ; ils tuent la Foi qui sauve, l'Espérance qui console, et leur chaste sœur, la sainte Charité !

Ils arrachent la croix féconde, et ils la brisent !...

Ils soufflent sur le pur et généreux esprit de l'Evangile !... Ils nous prennent tout ce qui nous faisait trouver la paix, la vie, la liberté !...

La liberté ! Ah ! comment osent-ils prononcer son nom ? Ils prennent pour la liberté, la licence odieuse, l'indépendance chimérique de la matière, le rêve ambitieux de leur raison.

Malheureux! ils devraient sentir que la terre manque à leurs pas. Dans leur fol orgueil ils chantent sur des ruines. Ils chancellent dans leurs excès; ils frémissent dans leur ivresse, et ils se proclament sages! Ils rejetent le joug de Dieu, et ils se proclament libres! Ils se proclament libres et ils sont esclaves du vice; ils adorent la matière; ils remplacent le ciel par le néant! Ils disent qu'ils sont forts, et ils laissent le mal triompher d'eux!

Libres et forts, ils ne seraient pas les esclaves de cette indépendance insolente qui avilit et dégrade; ils s'affranchiraient de l'empire honteux des passions et des vices qui oppriment le cœur de l'homme.

On n'est fort, on n'est libre, que quand on est vertueux; la liberté, la force, c'est la foi, c'est le dévouement, c'est l'amour de l'humanité, inséparable de l'amour de Dieu qui l'inspire.

Vous ne résoudrez pas le sombre problème de la misère en dehors de l'esprit religieux.

La misère! Ah! je sais les humiliations, les amertumes, les douleurs, les angoisses, les désespoirs infinis que causent le manque d'argent, le manque de travail! Je sais les drames déchirants de la misère, et mon âme en pleure et en saigne, et jamais je n'ai vu un frère malheureux sans lui tendre la main, et sans le soulager, dans la mesure de mes moyens et de mes forces.

Ce sentiment m'est inspiré par le christianisme. Si, au contraire, j'étais matérialiste, la douleur des hommes me serait égale; je vivrais pour moi, non pour les autres, — je ferais cela ou je ne serais pas logique.

X.

M. Proudhon est une plume ardente, un esprit faux, mais brillant, un talent souple, facile et vigoureux.

Il dit qu'il aime la liberté; je le crois; mais qu'il se recueille en lui-même; qu,il descende dans sa conscience; il y trouvera le témoignage de cette Providence qu'il a tant outragée, qu'il a niée si formellement, — le malheureux!

Qu'il ouvre les yeux; qu'il contemple cette belle nature qui ne s'est pas faite toute seule, et que lui, M. Proudhon, n'a pas encore eu la prétention d'avoir faite, et que, saisi enfin par la vérité, il s'incline et prie.

Le recueillement et la prière consolent le cœur; ils calment la fièvre de l'esprit et les orages de la conscience. Qu'il implore la grâce, qu'il demande la foi au divin créateur ; qu'il tombe à genoux devant son image, et quand il se relèvera, repentant et régénéré, il sera plus fort , plus heureux, — et plus grand.

Et quel beau spectacle il donnera au monde qu'il a tant scandalisé, quand il confessera son erreur avec l'éclat d'un converti sincère, quand, se signant le front et se frappant la poitrine , il abjurera l'idolâtrie de la matière.

Qu'il vienne à l'Église ; qu'il vienne à elle dans son humilité et son repentir, ses bras lui seront ouverts encore ; car le Christianisme a des pardons pour toutes les fautes, car seul il procède de l'amour et pratique la charité.

M. Proudhon sera, je le répète, plus heureux alors ; car peut-il être heureux celui qui ne croit à rien, et qui, par conséquent, n'espère rien ?... Sort lamentable ! Il s'est brisé le cœur à plaisir ; à plaisir il s'est privé de toutes ces nobles croyances qui font le courage et la joie de l'homme.

Ah ! vraiment, je le plains autant que je le blâme.

Nier ce que tout le monde affirme ; faire des

mines autour de soi; être le plus grand des sophistes, triste renommée! — calomnier par envie et par orgueil la vérité; se faire une sanglante pâture des débris de toutes les saintes choses; couvrir la terre de désolation; acquérir une popularité scandaleuse, toute de curiosité, une popularité de mépris, non d'estime; être enfin proclamé le plus audacieux des fourbes et des impies le plus effronté: — non, mille fois non, là n'est pas le bonheur.

Allons, courage! il n'y a pas de honte à revenir au Seigneur! Replacez-vous dans la dignité de la foi; débarrassez-vous des langes impurs de l'athéisme; affranchissez-vous du despotisme de la matière!

Brisez ce joug honteux; revenez à la vérité; faites-vous libre!

Faites-vous libre, et ne chantez pas tant la liberté.

Renoncez-vous vous-même: ce sera le plus dur des sacrifices, je le sais, mais il le faut. Pour être vraiment vertueux, il faut retremper son âme au creuset de l'humilité.

Beaucoup vous critiqueront; de nouvelles injures pleuvront sur vous; mais alors vous vous rendrez ce témoignage d'être persécuté pour la justice, tandis que maintenant vous n'êtes persécuté qıe pour l'erreur.

Puisque vous aimez tant la liberté, faites de la vôtre le plus noble, le plus bel usage.

PIERRE LEROUX.

I.

M. Pierre Leroux, — comme tous les autres socialistes, — parle un argot que personne ne comprend. — Seulement il a encore exagéré leur système d'obscurité.

Sa doctrine repose sur trois mots : — *Triade,* — *Circulus,* — *Renaissance dans l'humanité.*

Il nous faudra expliquer tout cela : tâche ingrate et difficile ! ingrate, car il est triste d'entrer dans un pareil dédale d'hérésies ; difficile, car rien n'est fastidieux comme de rendre compte d'une doctrine remplie des contradictions les plus inouïes, toute imprégnée du mysticisme le plus incompréhensible, des obscurités les plus compactes.

Impossible de donner une idée exacte de ces fantômes qui échappent à l'analyse, de ces rêves impalpables, de ces idées fuyantes et aventureuses qui s'éloignent dès qu'on s'en approche, et s'évanouissent dès qu'on tend les mains pour les saisir. — L'esprit s'épuise dans cette course sans espoir et sans but. C'est le plus fatigant travail qu'un homme courageux puisse s'imposer. Cette punition aurait dû être prévue dans un de nos Codes. Je le dis sans plaisanterie, mais non pas sans amertume, la dissection de ces chimères est une des plus rudes corvées que nous infligent la nécessité et le devoir de combattre les utopies socialistes. Comment comprendrions-nous celui qui ne se comprend pas lui-même? Ce serait une prétention insensée.

M. Pierre Leroux, quoique compilateur obscur et indigeste, est un écrivain qui ne manque pas de science; il a travaillé, il a cherché, il a appris. Mais il s'est plu, pour le besoin de la justification de son système, à altérer l'esprit de l'histoire, à dénaturer la philosophie des événements, et il a forcé la tradition qui le condamnait à conclure comme lui.

Les socialistes coupent certains passages des écrivains; ils se gardent bien de citer ceux qui précèdent et ceux qui suivent ces pages d'une véhémence peut-être irréfléchie, et ils s'en font des arguments contre la société. Ils classent arbitrairement dans leurs rangs tous ceux qui, de près ou de loin, et avec plus ou moins de discrétion, se sont laissés aller à d'imprudentes critiques.

Nous laissons aux honnêtes gens l'appréciation de la moralité de cette méthode.

Tel, par exemple, qui s'élevait contre le scandale de certains ministres de l'Evangile, contre l'abus que quelques hommes peuvent faire de la propriété, contre les crimes qui ont souillé certains seuils et ont affligé certaines familles, et qui, cependant, est très attaché à la religion, à la propriété et à la famille, sera malgré tout incorporé de force dans les rangs des socialistes par les socialistes. Ils en firent ainsi avec Pélage, avec Wicleff, et plus tard avec Bodin, Jean-Jacques Rousseau, Necker, Linguet et quelques autres critiques virulents.

Revenons à M. Pierre Leroux.

Est-il permis d'oser dire que l'on veut régénérer le monde, de se poser en prophète d'une religion nouvelle,— car, telle est sa prétentiou;—quand on n'a pour tout bagage qu'une métaphysique désordonnée, ridicule, insaisissable?

M. Pierre Leroux est athée, matérialiste et communiste. Il ne peut pas échapper à cette condamnation. C'est en vain qu'il veut nous donner le change ; c'est forcément là le résumé de ses doctrines ; c'est sa synthèse.

Il a, en ceci, la même méthode que M. Proudhon, — son rival et son complice.

Il procède par la parfectation ; puis il s'embrouille dans les énigmes, dans une phraséologie nébuleuse, dans des hiéroglyphes indéchiffrables, — le tout assaisonné de lourdes et intempestives citations.—C'est le chaos, c'est la nuit.

Plus ennuyeux que « son cher Proudhon, » il n'est ni moins paradoxal, ni moins ardent dans ses attaques contre la société et contre les autres écoles socialistes. Lui aussi, s'écrie :

— Hors moi, pas de science, pas de vérité, pas de socialisme.

Seulement, il ajoute :

— Hors moi, pas de religion.

En cela différant de M. Proudhon, en ce que celui-ci après avoir détruit la religion, — toutes les religions,—n'en a pas encore inventé une. Et, cependant, il a la même religion que M. Pierre Leroux, qui est de n'en point avoir.

Néanmoins, M. Pierre Leroux, sans doute pour avoir l'air de ne pas faire comme « ses chers amis,» s'indigne qu'on attaque Dieu qu'il appelle l'humanité, — vous et moi, lui et M. Proudhon, — nous tous enfin, — la famille, qu'il détruit, et la propriété qu'il abolit.

Il appèlle cela les transformer.

Il *transforme* Dieu en le supprimant ; il *transforme* la famille en la rendant collective ; il *transforme* la propriété en la donnant à l'Etat.

Il aurait dû, avant tout, faire un dictionnaire français à l'usage des infortunés qui s'enfoncent dans ces nuageuses ténèbres, qu'il appelle sa doctrine.

Cette doctrine, réunion d'une foule d'autres utopies, et le beau idéal du genre, est surtout inspirée par le saint-simonisme, — prétendue religion de quelques matérialistes, prétendus réformateurs, aujourd'hui trépassée, et dont M. Pierre Leroux est demeuré le dernier Don-Quichotte.

Avant d'analyser « *la doctrine de l'humanité,* » autant que le chaos peut s'analyser, — il importe de dire ce que son auteur entend par la *Triade*, ce pivot autour duquel toutes ses autres folies viennent converger, sur lequel elles reposent toutes.

Dans les deux aspects, l'un religieux, l'autre politique, sous lesquels M. Pierre Leroux a la prétention d'être jugé, il a une *Triade*.

Il a la *Triade religieuse* et la *Triade politique*:

Avec l'une, il *rétablit* la religion ; avec l'autre, il *réorganise* la société.

Quand il *triadise* au point de vue religieux, il est prophète et révélateur ; quand il *triadise* au point de vue politique, il est historien et publiciste. Dans l'un et dans l'autre cas, il est métaphysicien et statisticien, philosophe et réformateur, *écrivain humanitaire*. Dans les deux cas encore, il flétrit le vieux mécanisme de la société ; son idéal religieux et son idéal politique ont également pour but de la renverser, de la détruire.

En religion, il est athée et partisan de la métempsycose ; en politique et en économie sociale, il est communiste ; il veut l'égalité absolue, la démagogie jusqu'à l'anarchie, comme M. Proudhon, — toujours par le moyen *triadique* ou *triadaire*.

Or, qu'est-ce donc que la *Triade*, — cette immense mystification qu'il fait planer d'une façon si excessive sur la religion, sur la politique et sur la forme de la société ?

M. Pierre Leroux prétend et suppose que le dogme de la Trinité doit servir de base à toute religion, à toute philosophie, et à toute économie politique.

Avec cette théorie, à laquelle il donne le nom de *Triade*, il conclut en religion et en philosophie par la négation de la tradition religieuse, par l'absorption de l'âme par le corps, par un panthéisme greffé sur une métempsycose obscure et vagabonde;

En politique par l'égalité absolue, c'est-à-dire par l'anarchie, par l'anéantissement de la liberté individuelle; en un mot, par un communisme mêlé d'inspirations saint-simoniennes.

Tous ses énormes travaux, tous ses rêves, toutes ses doctrines doivent donc être résumés par ces deux mots : PANTHÉISME-COMMUNISME.

M. Pierre Leroux est un *panthéiste-communiste.*

Avec son air de bonhomie, il nous pousse à l'athéisme le plus brutal et à la démagogie la plus violente.

M. Pierre Leroux regarde la Trinité comme la loi suprême et générale de la vie.

Ecoutez, et tâchez de ne pas rire :

Dieu lui-même est *triple* et *un*; — l'homme aussi est *triple* et *un.*

La trilogie est partout et dans tout.

Dieu est *trois*, l'homme est *trois*, la nature est *trois*; — tout est *trois.*

Il cherche à prouver cela par la tradition. Il prend des exemples partout, — même où il n'y en a pas.

Dieu est ÊTRE, — ESPRIT — LUMIÈRE ; — total : *trois*.

L'homme est comme Dieu, Trinité ; il est esprit, il est corps, il fait partie de l'humanité, total : *trois*.

Donc, l'homme est triple, ce qui ne l'empêche pas d'être un !

Il est *sensation*, — il est *sentiment*, — il est *connaissance*, total : *trois*.

Ce que j'écris là est fort sérieux. Et il en est ainsi durant des milliers de pages. — Cette formule trinitaire est le pivot de M. Leroux ; — c'est sa marotte.

Dieu est *force*, — *amour*, — *intelligence* ; — total : *trois*.

Il est *totalité*, — *cause*, — *existence* ; — total : *trois*.

Il est un, *donç* il est triple. Son unité est la *preuve* de sa triplicité !

Trois est le chiffre suprême, le total suprême de tous les calculs.

Franchement, on ne peut répondre à une pareille fantaisie, à de semblables folies débitées le plus sérieusement du monde.

La religion a *trois* buts : elle doit expliquer Dieu, la nature et l'homme, — total : *trois*.

M. Pierre Leroux veut bien nous le concéder, le christianisme était un immense progrès; mais loin d'être le fils de Dieu, Jésus n'était qu'un philosophe de l'humanité, comme M. Pierre Leroux lui-même, et de plus, un philosophe triadique, car le christianisme a dit :

Dieu le Père, — Dieu le Fils, — et le Saint-Esprit, total : *trois.*

Toujours *trois* et rien que *trois.*

Inspiré par l'humanité antérieure, le Christ est venu confirmer la formule vraie, la formule trinitaire; c'était un homme de grande valeur, un initiateur distingué de l'humanité, qui a continué l'œuvre de Menou, de Bouddha et de Moïse.

C'est M. Pierre Leroux qui se charge de continuer Jésus-Christ, car la religion du Nazaréen devient trop vieille : elle est usée; le monde éprouve maintenant l'impérieux besoin d'une religion nouvelle; de la *religion-philosophie*, — ou *religion de l'humanité,* ou encore, pour faire le total obligé, la *religion de M. Pierre Leroux.*

Or, qu'est-ce que c'est que cette religion?

Elle nous enseigne d'abord que, jusqu'à présent, l'homme a vécu dans une grossière erreur en s'imaginant qu'il était composé de deux substances, l'une matérielle, le corps,—l'autre spirituelle, — son âme.

Nous étions des fous, — c'est M. Pierre Leroux qui nous le dit *trois* fois, — nous étions *trois* fois dans l'erreur de croire que notre principe moral était supérieur à notre principe matériel ; que celui-ci mort, celui-là s'élançait immortel vers le monde de Dieu où il avait à répondre de ses bonnes et de ses mauvaises actions sur cette terre.

Eh bien ! cette croyance, conforme à la tradition religieuse, conforme à la révélation, en même temps qu'à la dignité de l'homme et à la justice de l'Etre suprême, cette croyance sacrée, saluée sainte par tant de génies, c'était tout simplement une bétise. C'est M. Pierre Leroux qui le dit, et il se charge de pousser au mouvement des idées et du progrès dans le monde avec la religion nouvelle, — la *religion-philosophie*, — ou la *philosophie-religion* (*ad libitum*). Il affirme que l'âme et le corps c'est tout un ; l'homme est *esprit-corps*, ou *corps-esprit*. Quand le corps de l'homme meurt, son âme meurt avec lui et passe dans un autre corps. Il nie ainsi l'immortalité de l'âme, comme il a nié Dieu. — Car voici comment il entend Dieu : Dieu existe dans l'humanité ; mais en dehors de l'humanité, il n'existe pas. C'est ab tolument le nier. Il en est de même de l'âme humaine : croire qu'elle survit à la matière, et qu'une vie future lui est réservée, c'est une illusion, une faiblesse, une chimère.

L'homme n'a pas une existence individuelle ; il n'est qu'une des portions de ce grand tout qu'on appelle l'humanité. Il n'existe pas par lui-même. Il n'existe que comme humanité, dans l'humanité.

Après avoir répété cela à satiété, M. Pierre Leroux définit l'humanité :

De même que l'homme n'est autre que l'humanité, l'humanité n'est rien autre que l'homme. L'humanité, c'est l'homme dans son développement indéfini, comme l'homme, c'est l'humanité dans sa mutualité.

L'humanité, c'est l'*humanité-homme* ; — L'homme c'est l'*homme-humanité.*

Si cela n'était pas écrit, je n'oserais l'inventer de peur de passer pour un fou.

Comprenne qui pourra cette savante et ingénieuse définition développée en plusieurs gros volumes, tous semés d'une métaphysique inintelligible, — mais c'est ainsi.

Voilà la religion-nouvelle, la religion-humanité ; — la religion-Leroux, — total : *trois.*

Vous l'avouerez, c'est le beau idéal de la folie.

On se demande si ce n'est pas fait exprès, s'il n'y a pas là pari.

Ainsi, c'est donc par orgueil que l'homme prétend à une existence qui lui soit propre; il est humanité. La preuve de ceci, c'est que l'homme *renaît* dans l'humanité. M. Pierre Leroux reconnaît l'immortalité de l'homme, mais absolument comme celle des animaux. L'homme ne périt pas, donc il est immortel, mais il n'est pas immortel dans un autre monde; il est immortel dans celui-ci. Il se manifeste de nouveau; il change, il se transforme; — et ne venez pas lui objecter qu'alors c'est absolument comme s'il n'était pas immortel, puisqu'il change au point de ne plus se reconnaître, puisqu'il cesse d'être lui-même, car il vous répondra que l'homme se manifestant sous une forme différente, ne meurt pas comme humanité, puisqu'il était humanité. La vie future est la continuation de la vie actuelle dans l'humanité. L'éternité n'est donc pas en Dieu, mais bien dans l'humanité; Dieu lui-même n'est pas ailleurs que dans l'humanité.

Nous sommes non seulement nos ancêtres, mais encore nous deviendrons nos petits-fils. — Donc, nous ne mourons pas.

Telle est cette doctrine désespérante, qui brise nos plus doux espoirs, qui nous prive du ciel et de la véritable, de la seule immortalité, de l'immortalité en Dieu.

Comment osez-vous prétendre que vous admettez l'immortalité de l'âme avec votre métempsycose ? Quoi ! je ne *retrouverai pas dans le monde-Dieu* ceux que j'ai aimés sur la terre ?... Vous dites que je suis immortel, et je ne me reconnaîtrai pas moi-même ! je n'aurai pas la conscience de mon être ! ma personnalité sera détruite, mon individualité détruite, détruite mon identité ; nous ne conserverons pas même la mémoire ; et vous appelez cela de l'immortalité ! C'est tout simplement du matérialisme.

Après cela, ne venez pas me parler de vos *trois* lois générales de la vie ; ne cherchez pas à me persuader que les religions primitives autorisent une pareille croyance ; mon espoir et surtout mon cœur refusent de vous suivre dans ce dédale obscur d'iniquité. Et surtout ne me dites pas que vous êtes originel, que vous incarnez en vous une religion nouvelle, que vous êtes un révélateur. —Non, Monsieur ! vous n'avez rien à vous, pas une idée nouvelle, pas une pensée qui n'ait été maintes fois exprimée par des rêveurs et des utopistes qui vous ont précédé dans cette voie ridicule et fatale.

Ils *renaissent* en vous *dans l'humanité.* Vous

n'êtes qu'un audacieux plagiaire. Vous avez puisé dans Platon, dans Pythagore, dans Leibnitz, dans Kant, dans Spinosa, dans le hideux Anacharsis Clootz, même dans l'impur Fourier, et surtout dans Saint-Simon, qui, eux-mêmes, s'étaient inspirés de leurs devanciers.

II.

Ainsi, d'après M. Pierre Leroux, nous sommes à jamais condamnés à recommencer cette vie douloureuse !

Il convient que la misère et la douleur sont la rançon de cette vie, que le bonheur est une ombre que jamais nous ne pouvons saisir, et il nie la vie future, un monde meilleur, —un jugement au delà du froid tombeau.

Qu'importe alors à l'homme de se conduire bien ou mal ? A quoi sert la vertu? Chacun de nous peut à l'aise se laisser aller à ses passions ; puisqu'il n'a rien à espérer après sa mort ; puisqu'il n'y a ni ciel, ni enfer loin de la terre ; et qu'il n'y a pas de Dieu hors de l'humanité, hors de ce monde.

D'après lui, notre erreur, notre faute et notre malheur, c'est d'avoir cru à une vie future, à un

Dieu juge de nos actions et de nos pensées ; c'est d'avoir cherché un Dieu éternel et une espérance éternelle hors de cette vie. Il n'y a pas de juge suprême, pas de punitions ni de récompenses, et toutes nos aspirations vers le ciel et vers la Providence, sont des stupidités ; — tout cela est mensonge, imbécillité, orgueil, chimère et folie.

Ce n'est pas le philosophe de la matière qui ment, ce n'est pas lui qui se nourrit de chimères, ce n'est pas lui qui est fou, imbécile et orgueilleux, — c'est celui qui croit à Dieu et à l'immortalité de l'âme !..

Voilà toute la *religion*, toute la métaphysique de M. Pierre Leroux. Il affirme que Moïse n'avait pas d'autre conviction.

Il représente sa doctrine triadique comme la synthèse de toutes les religions passées. Elle remplace directement le christianisme, *qui n'est plus qu'un cadavre*. Au surplus, il prétend prouver, par la tradition, et l'évangile à la main, que « *le grand homme,* » que nous autres, les fous et les imbéciles, appelons *Jésus-Christ,* était, comme lui, partisan *de la renaissance dans l'humanité.*

Ce qu'il appelait la vie future n'était autre, dans sa pensée comme dans celle de M. Pierre Leroux, que notre renaissance indéfinie et continue dans l'humanité, sur cette terre qui se perfectionne de plus en plus. Car, à mesure que nous renaissons sur ce globe, nous y renaissons meilleurs, plus intelligents et plus forts.

Voilà la théodicée du philosophe de Boussac! et il espère rattacher à cette doctrine les plus hautes intelligences !..

Il est bien facile de prouver qu'au fond de toutes ces élucubrations ténébreuses, de toutes ces horribles divagations, de toutes ces hérésies grossières, il n'y a que néant et matérialisme.

C'est le Panthéisme saint-simonien dans toute sa hideur ; c'est la destruction de toute croyance, de toute religion, de toute morale, de toute philosophie. Rien n'est plus monstrueux et rien n'est plus impur.

C'est la négation de la Providence, de l'immortalité de l'âme, de la sainte révélation du Christ. C'est la doctrine de Satan, la doctrine de l'iniquité, du néant, de la mort.

Ah ! comme, après avoir lu ces blasphèmes sans pudeur, ces affirmations sans preuves, on éprouve le besoin de se retremper dans les dogmes consolateurs du catholicisme ! Comme le professorat de l'athéisme engendre la foi ! Comme le dégoût qu'inspire le matérialisme rattache fortement le cœur aux pures croyances, aux saintes vertus de notre religion divine !..

III.

M. Pierre Leroux ne connaît ni l'homme, ni âme de l'homme.

L'homme a un corps matériel et un esprit immatériel, deux substances solidaires sur cette terre, mais parfaitement distinctes.

Le corps est pétri de boue, mais comme la main du créateur en a fait un bel ouvrage ! Plus la matière était vile, et plus l'œuvre est noble et grande. Que d'ordre, que d'industrie ! combien tout cela est admirable !

Et comme l'âme de l'homme est plus sublime encore ! c'est ce qui pense et ce qui aime en nous. L'âme est distinguée du corps, quoiqu'elle lui soit unie ; — ce sont deux natures dissemblables. L'une ne peut donner l'idée de l'autre, et elles n'ont rien de commun entre elles, quoiqu'elles soient intimement liées l'une à l'autre dans l'homme. Ne voit-on pas la volonté de Dieu dans cette puissance supérieure, qui attache ensemble ces deux natures différentes ? C'est lui qui commande ainsi, c'est lui qui, avec un empire suprême, tient le corps et l'âme dans une étroite correspondance.

L'âme est supérieure au corps : elle le fait mouvoir, elle le domine, elle est son maître. Le corps lui obéit, comme l'univers obéit au Créateur.

Le corps et l'âme ne sont donc pas une seule et même chose. C'est notre âme qui nous fait trouver en nous des traces de la divinité.

L'idée de l'unité de Dieu, indépendante du corps, ne peut être corporelle, ni être reçue dans un sujet corporel. Elle nous découvre la nature de notre âme, essence immatérielle, qui reçoit ce qui est immatériel, et qui le reçoit d'une façon immatérielle.

Pour qui ne veut pas subtiliser, le sceau de Dieu est partout; dans les ouvrages de la nature, dans notre corps, dans notre esprit, tout nous parle de lui, tout lui rend témoignage, tout nous l'atteste; l'ordre, l'harmonie, la sagesse qui président à tout ce qui existe prouvent un esprit tout puissant et supérieur, un Dieu, âme du monde entier.

Ne venez donc pas nous dire que Dieu c'est l'humanité elle-même ; que notre âme et notre corps sont inséparables et forment une seule et même chose ; enfin que l'homme renaît dans l'humanité.

Devant la tradition catholique tous les romans impurs du socialisme en un moment disparaissent !

M. Pierre Leroux, comme tous les autres socialistes, prétend qu'il veut rendre heureuse l'humanité. Mais que nous apporte-t-il donc pour cela ? Quoi ! il veut nous rendre heureux, et il ne songe pas d'abord à nous rendre meilleurs. Car où est sa morale ? où est sa vertu ? Quels devoirs nous impose-t-il, si ce n'est le devoir odieux de nous courber sous le joug dégradant de la vile matière ?

Il veut nous rendre heureux, et il commence par supprimer l'idée de Dieu, c'est-à-dire l'idée de la justice, du bien, de l'éternité, la sainte et brûlante idée de l'amour !

Il veut nous rendre heureux, dit-il, et il détruit tout ce qui fait notre bonheur et notre consolation, l'espoir que tout n'est pas fini pour nous avec cette vie amère, la douce et radieuse espérance d'une existence supérieure !...

Il veut nous rendre heureux, et il nous désespère, et il nous avilit, nous opprime et nous dégrade, et il brise tout notre idéal, tout ce qui faisait notre joie, notre consolation, notre espoir !...

Il nous réduit à l'état des brutes. Il tue l'âme, le sentiment, l'amour ; il tue notre vie morale. Il nous prive de tout ce qui nous élevait au-dessus des animaux, de tout ce qui nous rapprochait de Dieu.

M. Pierre Leroux est jugé comme grand prêtre d'une religion nouvelle. Cette religion est l'absence de toute religion, c'est l'athéisme avec les horribles conséquences qu'il engendre, c'est le matérialisme avec son terrible et hideux cortége de vices, de brutalités, d'infamies !...

Comme M. Proudhon, M. Pierre Leroux, nie la charité, c'est-à-dire le dévouement. Ils ne peuvent cependant se mettre d'accord entre eux, et ils sont encore moins d'accord avec le sens commun.

Comme tous les autres socialistes, M. Pierre Leroux, avec ce présomptueux aplomb qui les caractérise déclare que tout le monde est en démence, excepté lui.

Nous sommes fous de la folie la plus réfléchie, la plus consciencieuse, la plus sérieuse, la plus incurable.

Nous sommes des athées ; c'est M. Pierre Leroux qui est un homme religieux !

IV.

Si la prétendue religion de M. Pierre Leroux n'est qu'un détestable et notoire plagiat de tous les athéismes passés, — un amalgame indigeste de faux mysticisme et de cruel et désespérant matérialisme, sa prétendue science politique et sociale n'est également qu'une conception monstrueuse inspirée par l'aberration d'un esprit en délire.

Au reste, sa théorie politique n'est pas moins embrouillée que sa théorie religieuse.

Nous y retrouvons tout d'abord la *triade*, — cette immense plaisanterie qui a si fort égayé les rieurs aux dépens de son inventeur.

La triplicité de l'homme se reproduit dans la société.

L'homme, sensation — sentiment — connaissance (total *trois*), est, dans la vie, enfant d'un pays, — il a une famille, — il possède quelque chose, — il a une patrie, une famille, une propriété, total : *trois*.

Or, tout cela est à changer. Ces *trois* aspects de l'homme le rendent également malheureux, *triplement* malheureux; — c'est une *triple* source de douleur.

Toutefois, pour se distinguer de ceux de ses « *frères et amis*, » qui ont nettement déclaré, avec une sombre franchise, qu'ils voulaient détruire la famille et la propriété, M. Pierre Leroux proteste de son respect pour ces deux institutions ; mais il fait à leur égard ce qu'il a fait pour la religion, il les *transforme*. Or, on sait ce que cela signifie sous sa plume. Cela veut tout simplement dire qu'il les détruit, tout en déclarant qu'il les vénère infiniment. — Il les respecte et il les tue, — absolument comme le brigand qui aborde le voyageur le chapeau à la main et lui enfonce un poignard dans le dos en s'approchant de lui.

Mais ce grossier artifice ne peut tromper personne.

M. Pierre Leroux remplace la propriété, la famille et la patrie, qu'il appelle la propriété-*caste*, la famille-*caste*, la patrie-*caste*, par la propriété, la famille et la patrie collectives.

Il respecte infiniment la propriété, mais comme elle est un instrument d'oppression dans les mains de quelques-uns, il s'empresse de dépouiller ces *tyrans* qui possédent, et il donne leurs propriétés à tout le monde.

Il déclare la propriété individuelle oppressive du genre humain; et voici comment, en promenant sa fantaisie dans le passé, il explique la Bible :

Ce livre saint n'est qu'une allégorie, et voici la vérité, scrupuleusement la vérité :

Adam n'est pas un homme, Adam n'est pas notre premier père; c'est l'humanité.

Le péché originel, c'est l'égoïsme qui a engendré le sentiment de la propriété.

Caïn, c'est le riche, le voleur, en un mot, le propriétaire qui opprime et tue Abel, — le pauvre, le non-propriétaire, le prolétaire.

Il fournit à l'appui de cette assertion, un peu bien posée, des preuves d'une solidité telle que celle-ci:

Caïn, en hébreu, veut dire ou pourrait vouloir dire : propriétaire, c'est-à-dire meurtrier.

En hébreu, Abel signifie pauvreté, non possession.

Caïn, l'exécrable propriétaire, c'est la sensation, —Abel, la victime, le prolétaire, c'est le sentiment, — Seth, le troisième fils d'Adam, c'est la connaissance,— *triade*!

Triade, comme on dit : *tableau*!

Toujours *triade*, toujours total : *trois*.

La Bible doit s'expliquer ainsi, et pas autrement,—c'est M. Pierre Leroux qui l'a dit.

Plus un mot! nous n'avons qu'à nous incliner; il ne nous reste qu'à condamner la propriété en collaboration avec Moïse, les Egyptiens et les Chaldéens.

De semblables plaisanteries se continuent pendant plus de vingt volumes. C'est d'une extravagance abominable, d'un orgueil plus abominable encore.

Eh bien! voilà où arrivent tous ceux qui s'éloignent de la sainte tradition du Christianisme pour se perdre dans l'outrecuidance d'une philosophie hautaine et stérile!

Comme l'impuissance de tous ces docteurs éclate à chaque pas! Ils font pitié. Ces malheureux ne manquaient pourtant ni d'intelligence, ni d'instruction.

Comment se sont-ils égarés dans de semblables divagations ? Comment ont-ils déshonoré leur raison et souillé leur esprit par ces théories absurdes, folles, incompréhensibles?..

C'est que la foi leur a manqué, c'est qu'ils ont voulu se mesurer avec Dieu ; c'est que si l'esprit du mal leur avait inspiré l'audace de l'attaque, il ne pouvait leur donner la force de vaincre !

Plus ils avaient d'intelligence et de puissance, et plus honteuse fut leur défaite.

Ils n'ont pas manqué de capacité, ils n'ont pas manqué de courage ; — mais ils ne pouvaient triompher de l'immortelle vérité.

Ils eussent été écoutés s'ils eussent prêché l'Evangile, s'ils eussent poussé à la civilisation par la religion divine ; mais ils ont essayé de briser la société au lieu de moraliser les hommes, et ils ont été foudroyés par la puissante main de la logique.

Toute philosophie qui ne s'inspire pas de Dieu, s'inspire de Satan ; — il n'y a ni philosophie, ni liberté, ni fraternité, ni amour, ni vertu, ni progrès, en dehors du Christianisme.

V.

M. Pierre Leroux se dit révélateur, or, qu'a-t-il révélé ?..

Que la charité chrétienne était un principe usé et mauvais, qui devait être remplacé par la solidarité, principe qui ne puise son inspiration que dans l'égoïsme du moi humain.

Il remplace cette divine et sublime parole :

— « Aimez votre prochain comme vous-même. »

Par cette parole toute imprégnée de matérialisme :

— « Aimez-vous dans les autres, aimez les autres en vous. »

Au lieu de procéder par l'amour de Dieu et du prochain, il procède par l'amour de soi. Il détruit la morale, si élevée et si supérieure du christianisme, et la remplace par le principe bas et infécond de l'utilité et de l'intérêt. Il tue le devoir et il édifie à sa place l'égoïsme. Selon lui, ce n'est pas pour Dieu et pour sa conscience qu'on fait du bien à son semblable, c'est parce que c'est une chose utile. L'amour chrétien est remplacé par une solidarité froide et calculée.

M. Pierre Leroux veut la solidarité la plus étroite, la plus tyrannique. Or, cette solidarité n'est autre que la communauté. Voilà ce qu'il veut, incontestablement, et sa captieuse faconde ne nous persuadera jamais le contraire.

Il flétrit la charité, — cette *utopie* du christianisme. D'après lui, la charité n'est pas précisément en soi une très mauvaise chose, mais enfin, ce n'est pas là un principe suffisamment juste, solide et réparateur. Il le trouve *trois* fois imparfait :

1° La charité méprise la nature. 2° Elle a le tort de tout faire rapporter à Dieu. 3° L'homme charitable n'aime son prochain qu'en apparence ; il méprise son semblable ou son *non-moi* en lui faisant du bien.

Total : *trois*.

Ce total, qui revient sans cesse, ne vous semble-t-il pas d'une bouffonnerie inouïe ?

La solidarité est bien supérieure à la charité ; la solidarité est un droit ; la charité, c'est une misère, c'est une plaisanterie, ce n'est *que* l'amour !

La solidarité sera réalisée sur la terre quand les hommes appliqueront ces *trois* mots : Liberté, Fraternité, Egalité, correspondant à ces *trois* autres : Sensation, Sentiment, Connaissance.

Et voilà !

La liberté et la fraternité doivent passer les premières, et l'on a eu tort d'écrire sur les drapeaux et sur les murailles l'Égalité au milieu. L'égalité est le dernier mot de la science sociale ; le mot suprême du symbole. Mais pour que l'égalité cesse d'être une fiction, un leurre, une déception, il faut qu'elle soit *absolue.*

Absolue ! Voilà le grand mot lâché !

C'est par là que ce chef d'école se rattache à toutes les écoles sociales, c'est-à-dire communistes. Il veut l'égalité absolue, la sombre égalité de la démagogie. Il ose proclamer l'égalité absolue, une foi, une religion.

Pour que l'égalité absolue triomphe, il faut vivre en solidarité, c'est-à-dire en communauté. Ainsi, par une contradiction qui lui est commune avec tous ses amis politiques, M. Pierre Leroux renverse les bases de la société tout en déclarant qu'il les respecte et qu'il entreprend seulement de les régénérer.

Il régénère la propriété en la supprimant, parce que la propriété individuelle est un empêchement à l'égalité absolue, — ce *criterium* de la justice.

A propos de l'absence d'égalité, M. Pierre Leroux s'élève contre la société actuelle avec une acrimonie excessive. Il faut le reconnaître, car c'est un impérieux besoin de ma conscience, au milieu de toutes ces attaques exagérées et empreintes du venin de la haine, il y a des plaintes amères et douloureuses qui sont justes, il y a des cris de misère qui sont légitimes. Mais est-ce que la religion du Christ ne s'est pas élevée bien avant les philosophes communistes, contre la corruption, contre le mal, contre tout ce qui perd, avilit et dégrade l'humanité? Qui, plus que ses ministres, a flétri le riche dur au pauvre, son égal et son frère devant Dieu? N'est-ce pas notre prêtre chrétien qui inspire la douce charité, qui flétrit l'égoïsme, qui adoucit nos mœurs, qui chaque jour et à toute heure nous rend meilleurs et plus charitables? N'est-ce pas lui qui prêche avec une autorité inébranlable et un dévouement intrépide, le renoncement de nous-mêmes, la vertu, l'amour, la vraie, la sainte fraternité?

La morale chrétienne renferme toutes les critiques légitimes contre l'égoïsme, contre le vice, contre le mal.

Non, le but de l'humanité n'est pas votre égalité bestiale et vile, c'est la fraternité en Dieu, pour Dieu, et par son Evangile.

Il vous sied bien, à vous qui niez Dieu, de venir parler de fraternité! Avez-vous seulement compris ce mot sublime?... Allez! votre égalité nous répugne, nous dégoûte et nous opprime!....

M. Pierre Leroux réclame également l'égalité pour les femmes. — Il ne veut plus que les femmes soient opprimées et retenues par notre législation barbare, et par nos mœurs stupides ; il ne veut plus qu'on continue à leur refuser accès dans les carrières libérales, et à les priver de *leurs droits politiques.*

Cette partie de sa doctrine fera l'orgueil et la joie de tous ces *bas-bleus* ridicules, de toutes ces dames féroces, d'une moralité douteuse, qui ne se trouvent pas assez libres et qui réclament *leur place au banquet de l'humanité.*

Ce système d'égalité absolue, de solidarité absolue, est non-seulement selon M. Pierre Leroux la loi de l'avenir; mais c'était encore la loi des temps anciens. Il cherche à nous prouver cette hardiesse toujours avec son système de la tradition de l'humanité. Il fouille de nouveau dans l'histoire des vieux âges détruits, des mondes antiques disparus; il mêle Minos et Moïse, les Doriens avec les Spartiates; Aristote et Itulus; Pythagore et Lycurgue. Il parle du sabbat, des OEnotriens, des Crétois, de l'Inde, de la Perse, de l'Egypte, de l'Italie, de l'Assyrie, de la Grèce, etc. etc... Il mêle tout cela de la façon la plus pitoyable, la plus extravagante, violentant le génie des législateurs, traduisant les langues à sa manière, faisant plier les volontés, torturant les faits, les textes au gré de ses caprices, et arrangeant tout cela pour les besoins de sa cause.

C'est affreux.

Cette érudition extravagante et boursouflée donne le vertige ; on y distingue que les Anciens mangeaient souvent en commun ; que Jésus-Christ, qu'il appelle le continuateur du Boudha de l'Inde et le plagiaire des Esséniens et des Thérapeutes, est venu prêcher l'égalité absolue. et les repas en commun, — choses dont M. Pierre Leroux est fanatique.

A l'exemple de ses confrères en socialisme, M. Pierre Leroux s'occupe surtout des questions de boire et de manger ; il semble que là soit seulement le but de la vie humaine. Il borne notre idéal à une misérable question de victuaille.

Il nous montre comment mangeaient les hommes du passé au TROIS grandes époques, qui constituent les TROIS évolutions de l'humanité. Ce compilateur désastreux fait longuement l'histoire des TROIS règnes des TROIS castes : celle de la famille, celle de la patrie, et celle de la propriété, — et concluant par l'égalité absolue, il flétrit, comme «son cher Proudhon,» la propriété individuelle, et il lui demande la permission de lui emprunter cette belle définition :

LA PROPRIÉTÉ, C'EST LE VOL.

Enfin, nous y voilà ! la propriété, c'est le vol. — C'est pour en arriver là qu'il nous a fallu traverser cette mer orageuse d'une érudition désordonnée. — Que ne le disiez vous tout de suite !

M. Pierre Leroux proteste qu'il n'est pas communiste, et il s'associe au blasphême de M. Proudhon ! Il proteste qu'il n'est pas communiste, et il veut l'égalité absolue ! Et il veut que tout capital appartienne à la société ! Et il veut l'égalité des salaires ! et il refuse au travail individuel le droit d'acquérir, de posséder, d'amasser !...

Si, vous êtes communiste, et de la pire espèce, comme vous êtes athée ; vous êtes athée et communiste en parlant de Dieu et en attaquant les communistes ! Vous avez de moins qu'eux l'audace, de plus qu'eux l'hypocrisie...

Il y a entre eux et vous une parité qui saute aux yeux de tous. Comme vous ils aspirent à faire sortir l'homme du TRIPLE esclavage des castes ; vos doctrines sont identiques, et votre haine jalouse contre le catholicisme, contre la famille et la propriété est la même. Vous accablez d'injures les communistes, et vous empruntez leurs arguments, et par une réciprocité charmante, ils vous renvoient vos outrages et se servent contre l'ennemi commun, la société, des armes avec lesquelles vous essayez de la démolir.

Ce que vous appelez solidarité, communion, — ils l'appellent, eux, communauté. Les mots diffèrent, mais le fond est le même. Votre embarras se trahit à chaque page, et vos distinctions subtiles, entre la famille-caste et la famille-humanitaire, — la propriété-caste et la propriété-humanitaire, — la patrie-caste et la patrie-humanitaire, ne peut donner le change à personne. Nous ne pouvons nous payer de ces roueries de langage. Il faut être bien puéril, pour ne pas dire bien niais, pour espérer un seul instant nous tromper sur les intentions en changeant quelques mots. En vérité, de toutes vos prétentions, celle-là n'est pas la moins audacieuse !

C'est par suite d'un détournement de conséquences, par une phraséologie insidieuse et compliquée, que vous avez cherché à nous prouver que vous n'étiez ni athée ni communiste.

Renoncez à ce stratagème. — Renoncez également à cette religion de la matière, au moyen de laquelle vous voulez détrôner la religion du Christ.

Mais, hélas ! que peuvent les conseils de la sagesse et de la raison, sortis d'un cœur dévoué au moins autant que vous à l'humanité, contre la passion aveugle ou perverse, contre le culte du mal, contre l'amour de l'anarchie révolutionnaire ?

VI.

Pour échapper à l'accusation de communisme, M. Pierre Leroux veut organiser la société à l'aide d'un principe supérieur à toutes les autres combinaisons de ce genre.

Ce principe, il le nomme, comme vous le comprendrez sans peine, la TRIADE.

Il reprend sa formule favorite et divise l'humanité en trois classes : les savants, — les artistes, — et les industriels ; total : TROIS.

Ici on sent le souffle du saint-simonisme, — première erreur de M. Pierre-Leroux et qui a déteint sur toute sa vie.

Sensation, — sentiment, — connaissance, voilà l'homme.

Or, les industriels sont les êtres de la sensation, —les artistes, les êtres du sentiment, —les savants, les êtres de la connaissance.

S'inspirant de Saint-Simon, M. Pierre Leroux déclare que le guerrier doit être placé dans la même catégorie que l'artiste. Mais s'il admire classification de Saint-Simon, il lui reproche de ne pas s'être assez préoccupé de l'égalité. Les TROIS classes de citoyens seront donc, d'après son système, scrupuleusement égales entre elles. Et pour qu'une fonction soit bien remplie, il importe qu'elle le soit par TROIS citoyens, possédant les TROIS facultés primordiales.

Le travail social doit donc être accompli par TROIS individus. Cette association s'appelle TRIADE.

Chaque fonction a TROIS ateliers; il y a la TRIADE directrice qui préside au labeur de TROIS ateliers.

En un mot, et pour en finir, tout va par TROIS. Dans la profession où il est impossible d'être TROIS, M. Pierre Leroux permet, bien à regret sans doute, qu'on ne soit que deux ou qu'on soit tout seul; mais il n'en persiste pas moins à maintenir son système; seulement il dit que dans ce cas, la triade est *à l'état latent.*

Nous sommes deux, mais c'est absolument comme si nous étions TROIS; — il en manque un, voilà tout: donc nous sommes TROIS.

Je suis tout seul; mais je suis TROIS tout de même, car si je suis un, n'oubliez pas que je suis également triple; — l'homme est un et triple; total : TROIS.

Pour ceux qui n'ont pas lu les volumineux travaux de ce philosophe, et il y en a beaucoup, il me reste à déclarer sur l'honneur que ce que j'écris là est la vérité, la rigoureuse vérité. J'en atteste le témoignage des hommes de bonne foi qui l'ont lu. Je fais appel à la sincérité de leur souvenir, j'avoue que c'est à n'y pas croire, mais c'est ainsi. — Il est athée, il est méchant, il est fou, — total TROIS.

Vous le voyez, rien d'affreux, rien d'absurde, rien d'inconséquent comme cette logomachie. Il détruit toutes les notions d'arithmétique; d'après lui, un tout seul fait TROIS; — un et un font TROIS; tout fait TROIS.

Et il faut voir avec quelle paternelle sollicitude l'inventeur de la triade se complaît dans ses conceptions bigarrées! comme il s'admire dans son œuvre! comme il méprise l'unité, la décade et la monade! comme son fanatisme pour la TRIADE éclate à chaque instant! comme il la caresse, comme il en parle, comme il l'aime! La trinité est son rêve, c'est son Dieu; il lui sacrifie tout, la logique, la vérité, la grammaire, la raison. Il chérit tant ce principe qu'il maintient son existence même quand il s'en écarte le plus. Son fanatisme pour la trinité va jusqu'à croire à son existence même quand elle n'existe pas. Il la comprend composée d'un seul ou de deux individus!

La TRIADE est appelée à organiser l'égalité absolue. L'association TRIADIQUE OU TRIADAIRE est le but de la *religion de l'humanité*, de la *religion Pierre Leroux*, du socialisme par excellence.

La triade donne à chacun un peu de l'héritage commun ; elle procure à tous le vêtement, la nourriture et l'habitation.

Chacun a le droit à la propriété ; la propriété est à tout le monde, comme les instruments de travail et les matières premières.

Il y a TROIS espèces de travail ; et le travail a TROIS termes.

Les hommes travaillent en commun, TROIS par TROIS, les produits et les instrumens des TROIS espèces de travaux sont partagés entre tous.

Tous les citoyens sont fonctionnaires publics, leur rétribution est TRIPLE et UNE!

Tel est le système d'organisation sociale au moyen duquel M. Pierre Leroux prétend régénérer le monde.

Il a encore un système administratif. Pas n'est besoin de dire que, là encore, la triade sert de base. Il y a la triade administrative, la triade législative, la triade judiciaire, et plusieurs triades éducatrices. Il y a TROIS pouvoirs, l'un législatif, l'autre judiciaire, l'autre exécutif.

Le *projet de constitution démocratique et sociale* de M. Pierre Leroux est d'une bouffonnerie excessive, d'une extravagance échevelée.

Quoiqu'il puisse espérer, il ne sera jamais écouté par des hommes sérieux, car il n'a rien de fécond, rien de puissant, rien de praticable, et, j'oserai l'affirmer, rien de moralisant et d'honnête.

Ainsi, en religion, il supprime Dieu; en politique, il proclame l'égalité absolue; en économie sociale, il détruit la propriété individuelle; et donne le capital à l'Etat.

Les bénéfices du travail sont arbitrairement répartis, au mépris de la liberté.

Après cela, M. Pierre Leroux ose dire qu'il n'est ni athée, ni communiste; il s'écrie qu'il est un homme religieux.

Imposture ! Comme tous les socialistes, M Pierre Leroux n'a pas de religion.

La religion est tout pour l'honnête homme. Sans religion, vous ne ferez pas de bonnes lois, et vous n'aurez pas de bonnes mœurs.

Le christianisme, c'est la puissante parole qui instruit, c'est la voix sympathique qui proclame la vérité, et s'élève, énergique et convaincue, au-dessus des orages, des passions qu'elle domine, et de l'esprit du mal qu'elle abat.

Elle commande l'attention et le respect aux plus rebelles. Or, la politique consiste dans l'application de la morale divine aux intérêts de la terre.

Le christianisme, seul, peut inspirer les moyens de réaliser les améliorations que le peuple a le droit d'attendre.

Le socialisme ne peut rien pour le progrès ; il ne peut alléger aucune misère, soulager aucune souffrance, consoler aucune douleur.

Le christianisme se défend par lui-même ; il se défend par sa sainteté et par ses actes ; le socialisme se détruit par lui-même.

Ce n'est pas le socialisme qui est animé du double amour de Dieu et de l'humanité ; ce n'est pas lui qui proscrit l'injustice et la violence, qui, dans sa rigoureuse logique, s'appuie sur le témoignage de l'histoire et sur le droit, c'est le catholicisme.

Le catholicisme met en lumière la vérité éternelle.

Comme sa charité est touchante, touchant son langage ! Avec quelle émotion ne l'entend-on pas, de sa voix ferme et vibrante, éveiller jusqu'au fond des cœurs les nobles vertus, les généreux sentiments !

Ah ! si nous suivions ses préceptes, nous aimerions Dieu, nos semblables, notre patrie et la justice !

Le socialisme est tout athéisme, toute haine, tout despotisme.

Le catholicisme est tout amour : amour de Dieu, amour du prochain, amour de la patrie, amour de la liberté.

Les socialistes n'ont pu entraîner après eux le peuple travailleur et honnête, car celui-là croit à Dieu et à l'immortalité de l'âme ; il aime sa famille, et si peu qu'il possède, il ne veut pas le pillage universel.

Les socialistes n'ont entraîné après eux que cette lie, cette fange de la population qui est au peuple ce que la boue est à l'eau limpide, ce que le frélon est à l'abeille, — des paresseux, des débauchés, des ivrognes, gens querelleurs et féroces, sans éducation, ni dignité, race crapuleuse, misérables abrutis par les passions viles, par le matérialisme le plus immonde.

Au reste, il y a du bon chez tous les hommes, même chez les plus dépravés et les plus terribles ; il s'agit de faire vibrer la corde sensible du cœur humain. Or, comment en arriverez-vous là sans la morale du catholicisme ?

Le catholicisme rend les hommes meilleurs ; le socialisme les rend mauvais et malheureux.

Arrière donc la fausse religion de M. Pierre Leroux ; arrière la *renaissance dans l'humanité*, la *triade* et le *circulus*.

Le CIRCULUS ! Il faut pourtant que je vous parle du Circulus. C'est ce qu'il y a de plus délicat. En deux mots et pour en finir, le Circulus, c'est....... le détritus de la digestion.

Tout homme rend à la terre la somme de matières qu'il a consommées.

Ce fumier, cet engrais, M. Pierre Leroux l'appelle le *principe supérieur du* CIRCULUS. Ainsi, l'homme produit à mesure qu'il consomme. Il a donc le droit de vivre. Celui donc, qui ne fait rien, n'est pas absolument inutile et peut encore avoir le droit de manger. Il est protégé par le *divin principe du circulus* ; seulement, celui qui se sera mis à l'abri de cette loi, ne pourra être ni citoyen, ni associé, ni fonctionnaire, total : *trois*.

Tel est le système agricole qui complète et couronne l'œuvre de M. Pierre Leroux.

La fin est digne du commencement et du milieu ; seulement, cette dernière folie est la plus inouïe.

Le CIRCULUS est l'aberration la plus incroyable qu'un cerveau abandonné sans ressources par les médecins puisse enfanter, et il en est ainsi de la *renaissance dans l'humanité* et de la *triade*.

M. Pierre Leroux n'est pas seulement un philosophe matérialiste, c'est surtout un révolutionnaire indomptable. Il ne recule pas devant l'appel à la guerre civile ; il ne recule devant aucune violence pour renverser la vieille société.

— « *Le drame n'est pas fini* ! »

S'écriait-il hier.

Que cette menace ne nous épouvante pas, mais qu'elle nous encourage à la vigilance.

Ils méditent l'attaque, soyons prêts pour la défense !

VII.

M. Pierre Leroux appelle le Socialisme une religion.

C'est la religion de la matière et du communisme, la religion de l'enfer.

Le Socialisme supprime tout ce qui est du monde de l'âme, tout ce qui nous est inspiré par la religion.

Il foule aux pieds toutes les saintes traditions ; il sanctifie la matière, les passions viles, la jouissance; il confisque la liberté; il ravale l'homme; il lui ôte sa dignité et sa grandeur.

La prétention de M. Pierre Leroux et des autres socialistes, à être des hommes religieux et moraux, est donc une impudence qui n'a pas de nom.

Les socialistes, c'est-à-dire les athées, les communistes, les matérialistes, tuent toute la poésie de la vie; ils tuent l'amour ; ils tuent l'espérance, le sentiment; ils tuent l'art. —

Ils nous disent que nos souvenirs et nos espérances sont des rêves stupides. Nous sommes fous quand nous aimons, quand nous nous représentons les personnes chéries par les objets qu'elles nous ont laissés après elles, quand une mèche de leurs cheveux, quand un objet porté par elles nous console et nous fait palpiter le cœur, quand un air de musique, autrefois entendu, vient chanter en notre âme et nous plonger dans les extases et les délices d'un passé regretté; — quand enfin nous espérons revoir en Dieu tous ces êtres que nous aimions, nous sommes des fous !

Ah! laissez-nous cette sublime folie ; gardez, gardez votre cruelle sagesse!

Nous sommes fous aussi quand nous allons pleurer et prier sur les tombes vénérées de nos mères; il est plus sage de les souiller de pas profanes; plus sage de vivre par la matière , de n'avoir rien de sacré, d'étouffer en soi toute pensée, toute grandeur et toute croyance !

Le Socialisme, c'est la servitude; — le Catholicisme, c'est la liberté.

En tout, la vérité est au milieu. Le Catholicisme tend à maintenir l'homme dans cette position raisonnable. Toute société qui se fonderait sur les maximes du catholicisme et qui suivrait scrupuleusement ses maximes, serait une société parfaite. Ce n'est pas la faute du prêtre s'il y a si peu de vertu en ce monde ; c'est la faute du péché qui est dans l'homme.

J'ai entendu un athée dire :

— « Il ne faut pas détruire Dieu, c'est maladroit; il faut nier la religion catholique, c'est le plus sûr moyen de détruire l'un et l'autre ! — »

Tant il est vrai que la Religion catholique est une religion divine, de l'aveu même des méchants !

C'est surtout en écoutant les athées, c'est en lisant leurs ouvrages, que l'on s'attache le plus vivement au catholicisme et qu'on se sent heureux d'y croire. Ceci prouve combien l'aspect de l'erreur fait aimer la vérité.

Le matérialisme se suicide lui-même. Les arguments que produisent ses sectaires contre le catholicisme font sa gloire éternelle. Plus ils l'attaquent, plus ils l'élèvent.

Le Socialisme, c'est la ruine; c'est le mal;

Le Catholicisme, c'est le salut de l'humanité !...

O Religion ! c'est là ton privilége immortel et divin que partout où tu plantes la Croix, fût-ce sur le sol le plus aride, tu fais naître une floraison verdoyante et enchantée !...

Imp. de Mme de Lacombe, rue d'Enghien, 14.

www.ingramcontent.com/pod-product-compliance
Lightning Source LLC
LaVergne TN
LVHW020406230826
846091LV00004B/1169
9782013436236